电网新员工培训教材

营销业务应用系统 实操教程

王金亮　王竟飞　主　编
杨巍巍　黄　欣　副主编

中国电力出版社
CHINA ELECTRIC POWER PRESS

内 容 提 要

营销业务信息化操作是供电企业从事电力营销岗位的员工必须具备的一项基本技能，本书针对电力营销业务应用系统结合业务操作进行部分业务介绍。本书设置了七个情境，二十个任务，为从事供电企业电力营销与客户服务相关岗位的人员信息化操作技能提升提供操作参考。内容采用任务驱动型的行动式培训模式，涵盖电力营销业务应用系统基础操作、用电检查应用操作、库房管理操作、配送管理操作、分布式电源项目新装、线损基础信息管理和个人车位充电桩报装实施等相关技能操作。

本书作为各电力培训中心及电力职业院校的供用电技术和电力营销相关专业教学用书，也可作为电力营销与客户服务相关岗位培训的参考书。

图书在版编目（CIP）数据

营销业务应用系统实操教程/王金亮，王竞飞主编. —北京：中国电力出版社，2024.1
（2024.7 重印）
ISBN 978-7-5198-8082-8

Ⅰ.①营…　Ⅱ.①王…②王…　Ⅲ.①电力工业—市场营销学—中国—教材　Ⅳ.①F426.61

中国国家版本馆 CIP 数据核字（2023）第 159733 号

出版发行：中国电力出版社
地　　址：北京市东城区北京站西街 19 号（邮政编码 100005）
网　　址：http://www.cepp.sgcc.com.cn
责任编辑：牛梦洁（010-63412528）
责任校对：于　维
装帧设计：赵丽媛
责任印制：吴　迪

印　　刷：北京天泽润科贸有限公司
版　　次：2024 年 1 月第一版
印　　次：2024 年 7 月北京第二次印刷
开　　本：787 毫米×1092 毫米　16 开本
印　　张：10.25
字　　数：219 千字
定　　价：32.00 元

本书编委会

本书编写组

前　言

本教材针对供用电技术和电力营销相关专业学历教育学生编制。营销业务系统实训操作在相关专业人才培养方案中属于专业技能提升课程，课程紧跟当前电网发展需要，紧密结合岗位操作要求，注重对岗位实践环节的指导；适应职业学院学生的接受能力，按照理论实践一体化教学模式进行编写，做到了"实际、实用、实效"，具有新颖性、适应性和实践性等特色。

培训项目的内容采用情境化教学模式，通过不同的项目情境结合任务驱动模式进行教学，通过"做"让学生初步了解操作流程内容，通过进一步的"教""学"使其掌握业务知识和深入理解教师操作示范，从而更有效地完成实训操作。

本书每个情境提供相应的实训操作任务，通过任务驱动在实训教师辅导下让学生深化"做"的形式，完成整个"做、教、学"一体化的项目教学模式。

编　者

2023 年 8 月

目 录

应用系统基础操作

【情境描述】

本情境包含两项任务，分别是在营销业务应用系统中实现基础操作和查询操作。核心知识点包括营销业务应用系统的概念、发展、构架和基本功能。关键技能项包括营销业务应用系统中浏览器的配置、信息查询、工单处理和业务流程处理的操作项目。

【情境目标】

1. 知识目标

熟悉营销业务应用系统平台的操作方法，掌握营销业务应用系统的概念、发展、构架和基本功能。

2. 能力目标

能够使用营销业务应用系统的基本功能，能够使用营销业务应用系统进行信息查询、工单处理、业务流程处理。

3. 素质目标

树立细心、耐心的岗位态度，培养工匠精神、团队精神、服务意识，增强人民电业为人民的宗旨意识。

任务一　系统基础操作

📖 任务目标

掌握营销业务应用系统的概念、发展、构架和基本功能，熟悉系统的平台界面，掌握系统中浏览器的配置，掌握系统中的基本操作，掌握"待办工作单""已办工作单"和"历史工作单"之间的联系与区别，掌握工号角色关系和流程操作方法。

💬 任务描述

本任务是在营销业务应用系统中完成系统的基本操作，包括登录系统、系统设置、插件安装、使用帮助中心、流程图查询、工单查询、流程特殊处理等。

知识准备

2006 年 4 月 29 日，国家电网公司提出在全系统实施"SG186 工程"规划。其中"SG"是国家电网公司英文 STATE GRID 的缩写；"1"是构建企业级信息系统，构筑由信息网络、数据交换、数据中心、应用集成、企业门户五个部分组成的一体化企业级信息集成平台；"8"是建设财务（资金）管理、营销管理、安全生产管理、协同办公、人力资源管理、物资管理、项目管理和综合管理八大业务应用；"6"是建立健全信息化安全防护、标准规范、管理调控、评价考核、技术研究、人才队伍六个保障体系。营销业务应用系统是为"SG186 工程"建设而开发的。"SGC186 工程"构成如图 1-1 所示。

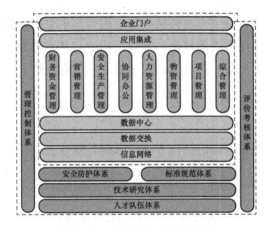

图 1-1 "SG186 工程"构成

营销业务应用系统 IT 构架是各网省公司采用独立的软硬件系统，为便于系统平台设备整体管理与维护，统一将数据中心设立在省公司，并统一设定安全访问策略。在省公司设立集中的服务器，承担全省电力营销业务的管理，全省仅部署一套系统，一个统一的通信接入平台，下级地市公司、基层供电单位通过全省的电力信息网访问省公司营销业务应用系统，实现业务的全省统一集中处理。

设备准备

设备的准备，具体要求见表 1-1。

表 1-1 设 备 及 要 求

序号	工器具名称	规格	单位	数量
1	服务器组	数据服务器、应用服务器	组	1
2	电源插排	六孔及以上	个	1
3	电脑及附件	主机、显示器、键盘、鼠标	套	1
4	交换机	接口大于 60 个	台	1

📄 材料准备

材料要求：作业指导书、单元教学设计、安全交底签字表，具体见表1-2。

表1-2 所需材料及要求

序号	材料名称	单位	数量
1	作业指导书	份	1
2	单元教学设计	份	1
3	安全交底签字表	份	1

📹 人员准备

小组由12名及以下学生和对应1名及以上教师组成，最多不超过12名学生，学生为实际操作人，主要进行实际操作。

工作人员的身体、精神状态良好，工作人员的资格包括作业技能、安全资质和特殊工种资质等，具体要求见表1-3。

表1-3 人员要求

序号	内容	备注
1	学生应经所在单位查体，身体健康，无妨碍工作的病症（体格检查每两年至少一次）；身体状态、精神状态应良好	
2	教师应具备必要的电气知识和业务技能，且按工作性质，熟悉电力安全工作规程的相关部分，并应经试讲合格	
3	教师应具备必要的安全生产知识，学会紧急救护法，特别要学会触电急救	
4	教师应熟悉本作业指导书，并经操作前的培训	
5	教师应熟悉营销业务应用系统的日常操作，能够对学生遇到的问题进行及时处理	

🔧 场地准备

营销业务应用系统实训场地的危险点与预防控制措施，见表1-4。

表1-4 危险点分析及预防控制措施

序号	防范类型	危险点	预防控制措施
1	触电	布线复杂、渗水存在触电风险	严禁学生带水、饮料进入实训室；不经允许不碰电源和插座
2	计算机病毒	教学网络易受病毒攻击	安装还原软件、杀毒软件，禁止使用移动介质和光盘
3	火灾	实训室人员数量多，存在火灾风险	实训前，向所有学生告知本实训场地应急逃生通道路径

📖 任务实施

一、登录系统

打开 IE 浏览器，在地址栏里输入本教学应用网址 http://192.168.9.12:8001/web/ 或 http://192.168.9.68:8001/web/登录应用服务器，两者对应统一数据服务器。登录工号不同，其对应的权限和角色也不同，如以工号 5××登录系统可以进行某计量中心的业务办理操作，以工号 1××登录系统则对应为某供电所组成员，可以进行用户信息查询操作。操作中注意按照教师要求的工号登录系统，以便进行不同的业务操作。操作中，不得修改密码和非必要的配置信息。

登录系统后熟悉业务类模块布局，了解工作任务下的各类工单，掌握框架配置，熟悉具体业务项和业务子项的设置和业务入口地址。

二、系统设置

第一次登录营销业务应用系统时，应先对 IE 浏览器进行安全设置，以免在操作系统时出现不便。首先，点击 IE 浏览器菜单栏"工具"，点击"Internet 选项"，在弹出的 Internet 选项框中，在安全页面下点击"自定义级别"按钮，在弹出的安全设置对话框中，把 ActiveX 控件和插件都启用，如图 1-2 所示。

图 1-2　安全设置

通过学习营销业务应用系统的登录和配置方法，了解系统的使用模式。系统在操作过程中，会出现一些提示消息框，如果 IE 浏览器开启"弹出窗口阻止程序"或者将 ActiveX 控件和插件禁用，系统的消息提示会被拦截，导致操作人员无法准确得到系统弹出的消息，甚至无法完成部分业务，故需要关闭浏览器弹出窗口阻止程序。关闭浏览器弹出窗口阻止程序的方法如图1-3所示。

图1-3 关闭浏览器弹出窗口阻止程序

三、插件安装

营销业务应用系统在实际操作中需要java控件进行图形化流程查询，需要在登录系统后，在"我的桌面"中点击"下载中心"，下载jre-1.5、flash等插件并安装，若需打印单据，则需安装如意报表等插件，如图1-4所示，将列表中的前3个插件下载安装。

图1-4 下载中心

四、使用帮助中心

在【帮助中心】界面，可对组件、常见问题与解答等进行查询。点击【系统支撑功能】下的子菜单【其他】，在左侧子菜单中的"帮助"列表中点击"帮助中心"，点击进入【帮助中心】下的【常见问题与解答】子界面，可以查询常见的一些问题，在"帮助内容"一栏可以看到问题的相关答案，如图1-5所示。

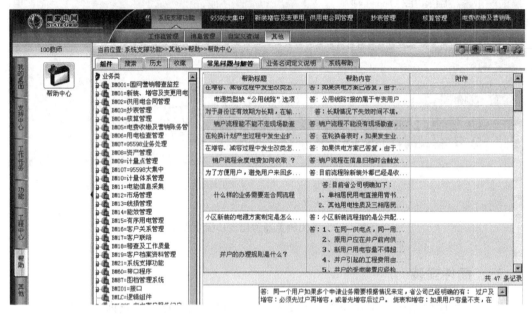

图1-5　帮助中心

五、流程图查询

对于流程图的查询，在系统支撑功能≫工作流管理≫流程配置≫流程图中查询，该界面可以查找所有流程的流程图，如要查询违约用电、窃电管理的流程图，在【所有流程】的下拉选项中点击【用电检查管理】，在出现的子菜单中点击【违约用电、窃电管理】，就可以看到违约用电、窃电管理的流程图，如图1-6所示。

六、工单查询

在系统支撑功能≫工作流管理≫工作任务≫待办工作单，在【主单】下"流程信息"中可以查询相关工单的情况，如活动名称、供电单位、接收时间、发起人等。同时可以看到工单条目具有不同颜色，系统中通过不同颜色表示工单的不同状态，如有一部分工单是红色的，如图1-7所示，图1-8的"待办颜色说明"中对工单颜色进行了具体说明，由图可知工单为红色表示该工单已经超期。

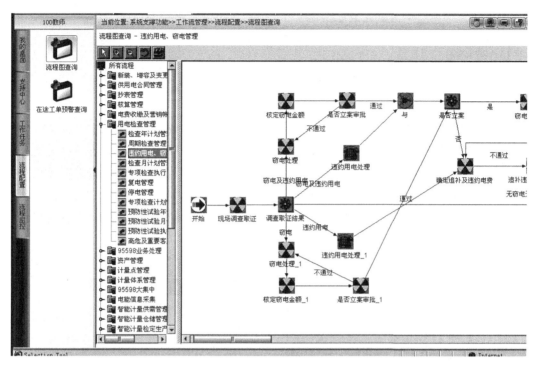

图 1-6　流程图查询

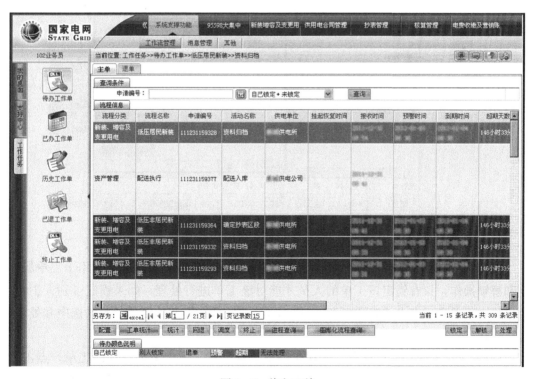

图 1-7　待办工单

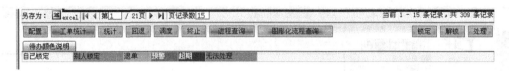

图 1-8　相关功能键

对于流程的处理还有一些功能键，如有"配置""工单统计""统计""回退""调度""终止""进程查询""图形化流程查询"等，如图 1-8 所示。例如，在【待办工单】中，点击【配置】，则出现"配置"对话框，如图 1-9 所示。在"请选择业务类型"中，选择"配送执行"，点击"确定"，返回后在主窗口中除了"主单""配单"之外，又出现了"配送执行"，如图 1-10 所示。在"配送执行"下，流程名称都是"配送执行"，这样可以更有目的性地对工单进行操作。

图 1-9　配置

"统计"按钮可以查询工单的整体情况和数目。"锁定"和"解锁"键用于工单的锁定和解锁操作，只有锁定该工单的人员才能对该工单进行处理，如果锁定了别人工单，可以选中工单通过点击"解锁"来解锁该工单。"处理"键的功能是工单的选中和处理，也可以选中工单并双击进行工单处理。

【待办工单】的功能键里有"流程化图形查询"键，选定需要查询的工单，点击界面下方的"图形化流程查询"，可以清晰地看到从业务开始到业务结束的所有相关流程环节的流程图，在该流程图里，绿色圆圈表示已经做完的流程环节，红色圆圈表示正做还没有完成的流程环节，如图 1-11 所示。

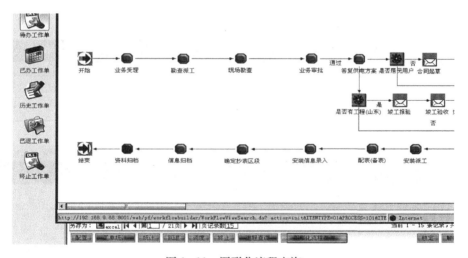

图 1-10　配送执行类工单

图 1-11　图形化流程查询

功能键里的"进程查询"功能可以查询工单的具体进程信息。在【待办工作单】下选定需要处理的工单，点击界面下方的"进程查询"，在子菜单【进程查询】中，可以看到"进程查询"的相关信息，如流程实例信息、流程活动信息、流程摘要等，点击【流程活动信息】下的相应环节可查看该环节"有权限处理人员"的具体信息，如图 1-12 所示。

对于正在处理的流程，要查询某些环节已经操作完毕但未完结的流程，可以在系统支撑功能≫工作流管理≫工作任务≫已办工作单中，通过申请编号进行相关查询，如图 1-13 所示。

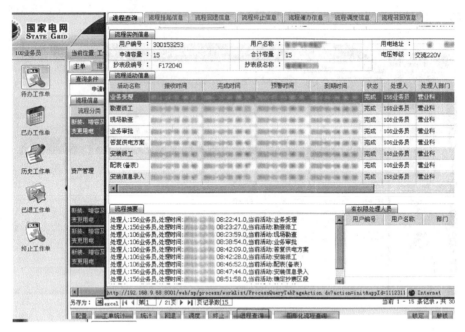

图 1-12 进程查询

图 1-13 已办工作单

若需要查询的工单所有流程已经全部结束，可以在系统支撑功能≫工作流管理≫工作任务≫历史工作单中，通过申请编号、环节开始时间、环节结束时间等进行查询，如图 1-14 所示。

图 1-14 历史工作单

此外，系统支持申请编号的模糊查询，例如，要在【待办工单】中通过申请编号查询工作单，只需要输入申请编号的后几位即可查询。

工作单的申请编号由 12 位数字组成，其中前 6 位是时间（年月日），后 6 位是应用系统自动生成的数字。在查询工作单时可以输入后几位编号进行查询。

系统支持对查询到的工作单进行筛选，图 1-15 可以看到筛选的范围。

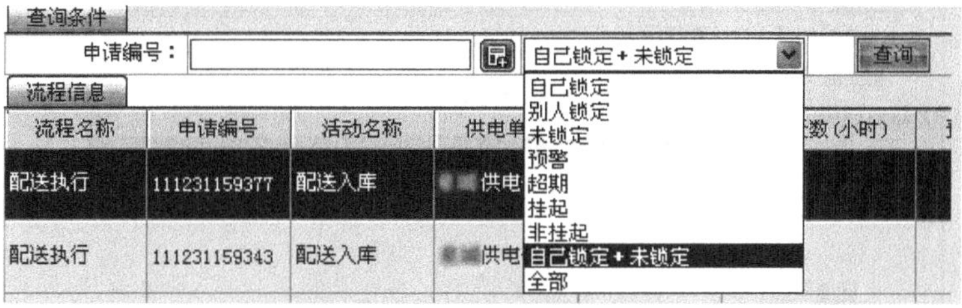

图 1-15 工单筛选范围

在查询工作单时还可以通过 进行高级查询，如图 1-16 所示。如可查询"发起人员"为自己工号的工单，也可按流程分类查询工单。

七、流程特殊处理

工作单的回退是一个比较常用的功能，在营销业务应用系统的培训学习过程中或工作现场使用过程中，可能会出现供电方案编制有误或者用户的申请信息填写不准确等原因造成工作单的填写不准确，这时就需要通过回退工作单来及时修改更正相关信息。在【待办工作单】中，点击"回退"按钮，会出现如图 1-17 所示【任务回退】页面。

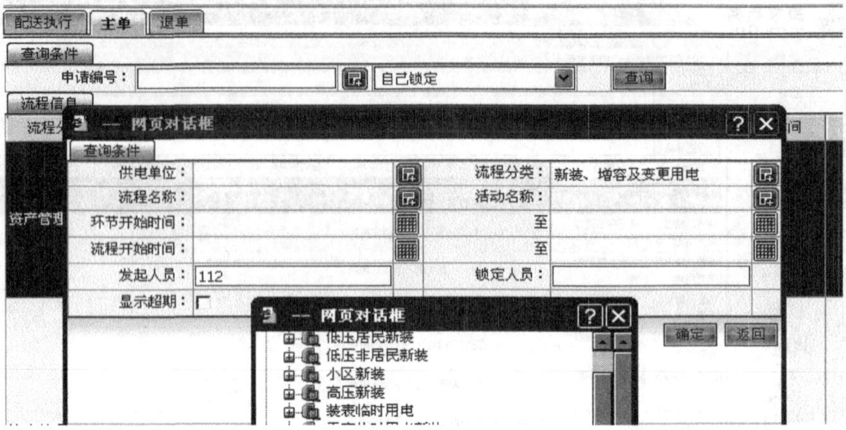

图 1-16 工单高级查询

回退方式有直接回退和回退到管理员两种。直接回退无须审批，如果选择回退到管理员，则需要管理员审批后方可回退生效。回退的审批是在系统支撑功能≫工作流管理≫左侧任务管理器的流程监控≫流程管理与监控中的【任务回退】界面中，点击右下角的"回退"按钮，这时由管理员来确定被回退环节和被回退环节发送方式。练习过程中基本都是选择直接回退方式，这种操作更直接，由自己来确定被回退环节和被回退环节发送方式，如图 1-17 所示。

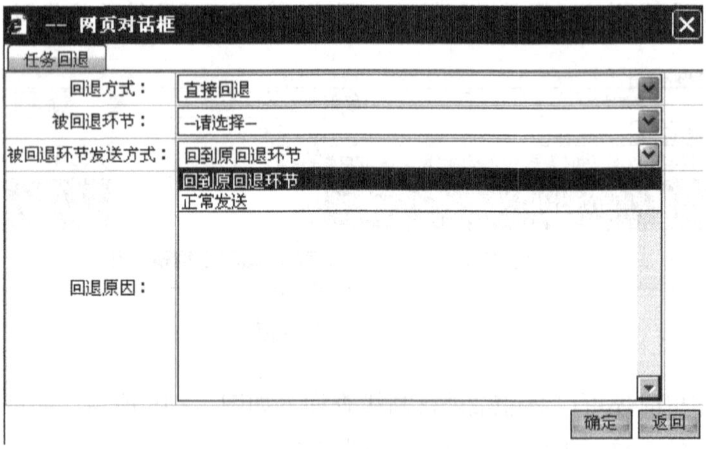

图 1-17 工单回退操作

需要注意的是被回退环节发送方式，如果选择"回到原回退环节"方式，在做完被回退的环节后，工作单将直接发送到原回退环节，如将某一高压新装流程从"配表"环节回退到"现场勘查"环节，"现场勘查"环节完成后发送，流程将直接发送到"配表"环节；如果是选择"正常发送"方式，在做完被回退的环节后工作单将按照流程图一步一步发送，如还是将某一高压新装流程从"配表"环节回退到"现场勘查"环节，"正常发送"方式下，"现场勘查"环节完成后发送，流程将发送到"核定计费方案"环节。

注意：不是每个环节都可进行回退操作。

对于无法或者没有必要继续进行操作的工作单，可以进行"终止"操作。在【待办工作单】中，点击"终止"按钮，输入任务终止的原因，即可提交终止审批。工作单的终止经过审批方可生效，在系统支撑功能》工作流管理》流程监控》流程管理与监控下的【任务终止审批】界面中，查询到相关工单，点击右下角的"终止审批"按钮，若审批不同意，则该工作单仍处于激活状态，可以返回待办工单中继续处理；若审批同意，该工作单终止成功，将成为历史工单，如图1-18所示。注意：对于已经收取业务费、已经装有计量装置或已经信息归档的工作单不可进行终止。

图1-18 任务终止审批

如果自己的工单被别人锁定，可以通过两种方法进行解锁。第一种方法是提醒锁定人解锁或用解锁人的工号登录系统进行解锁，具体方法为：在【待办工作单】中找到需要解锁的工单，点击"解锁"，即可解锁。第二种方法是通过"强制解锁"功能来解除锁定，在系统支撑功能》工作流管理》流程监控》流程图管理与监控下的【强制解锁】界面中，通过申请编号查询到被锁定的工单，选定该工单，点击右下角的"解锁"，即可实现解锁，如图1-19所示。

任务评价

结合实训过程考核，编制任务实施情况的评价标准进行任务实施结果评定，本任务

营销业务应用系统实操教程

的任务实施情况的评价标准见表1-5。

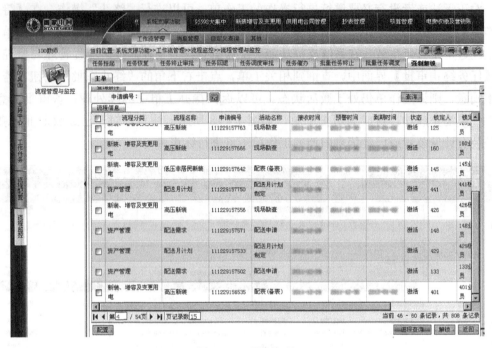

图1-19　强制解锁

表1-5　　　　　　　　　　　　　　　任务实施情况的评价标准

序号	内容	注意事项	分值
1	界面登录：打开IE浏览器，在地址栏里输入网址 http://192.168.9.12:8001/web/或者 http://192.168.9.68:8001/web/登录应用服务器，完成各角色工号登录	不得修改密码和其他用户信息，以5××登录某计量中心，以1××登录某客户服务中心	10
2	模块布局：工作任务、系统支持功能、19大业务类模块布局，具体业务项和业务子项的设置和入口地址	分模块了解和查看操作，了解工号权限的不同。掌握不同业务员的登录方法和权限角色的分工	15
3	框架配置：我的桌面≫用户配置≫框架配置。帮助查询：支持中心≫帮助中心。文件下载：我的桌面≫下载中心	注意框架选择。掌握框架配置、帮助查询、辅助功能、文件下载等常用的方法	20
4	工单操作基础：在工作任务≫待办工单中查看工单分类，练习配置、进程查询、图形化流程查询，会对工单进行相关操作	了解业务名词与业务帮助内容，熟悉配置功能，注意插件的下载	45
5	恢复工位	规整工位，关闭计算机和电源，养成良好的工作习惯	10
序号	发现问题 注意事项	改进措施	备注
1			
2			
教师		评价结果	

14

任务扩展

根据本任务内容进行具体系统设置，通过分配的工号登录营销业务应用系统，进行如下操作：查询待办工作单、已办工作单和历史工作单，对比三种不同工作单详细信息的区别；在待办工作单下锁定他人的工作单并解锁该工作单；在待办工作单中查询半个月以前本工号发起的工作单，并选择某一工作单进行工作单终止操作，并完成终止审批操作。

营销业务应用系统是国家电网 SG186 系统重要组成部分，系统的信息化建设和应用，是电力营销系统创新发展的重要支持手段。本系统的结构特点如下：

（1）应用和数据采用网省级集中管理。

（2）系统采用 BS 模式，即客户端通过网页访问服务器，不用下载客户端。

（3）采用工作流引擎，系统流程通过配置流程图进行配置，功能界面简洁。

（4）采用图形化工具，实现营销业务流程的简便定义。

（5）可以动态地调整、完善和修改营销工作流程，实现营销业务的实时动态重组（针对要求）。

（6）在流程控制方面，可进行流程回退、流程挂起、流程恢复、流程中止、流程人工调度等各种特殊流程控制的实际需要。

（7）当营销业务办理期限已到时，系统发出相应的消息，通知用户超时；并且可以在任务到期前的固定时间给用户发出提醒消息。

（8）可以对流程活动的当前工作量进行统计，并提供超期用户清单、超期量、超期率等，对超期工作可进行异常报警。

（9）系统适应营销发展方式和管理方式的转变，进一步提升营销服务能力和水平，进一步规范营销管理及业务流程，满足"SG186 工程"建设原则和要求，确保"统一领导、统一规划、统一标准、统一组织实施"实现资源集约与共享。

（10）系统将营销业务相关领域划分为"客户服务与客户关系""电费管理""电能计量及信息采集"和"市场与需求侧"4 个业务领域及"综合管理"，共 21 个业务类及若干业务项和业务子项。业务类包括"新装增容及变更用电""供用电合同管理""抄表管理""核算管理""电费收缴及务管理""用电检查管理""资产管理""计量点管理""计量体系管理""95598 业务处理""线损管理""客户关系管理""电能信息采集""市场管理""能效管理""有序用电管理""客户联络""稽查及工作质量""客户档案资料管理""分布式电源并网管理""电动汽车充换电设施建设项目管理"。

由图 1-20 可知，系统把整个电力营销业务划分为 21 个业务类及营销分析与辅助决策，为客户提供各类服务，完成各类业务处理，为供电企业的管理、经营和决策提供支持。同时，通过营销业务与其他业务的有序协作和数据整合，提高整个电网企业信息资源的共享度，该系统支持营销业务应用的一体化、集成化。

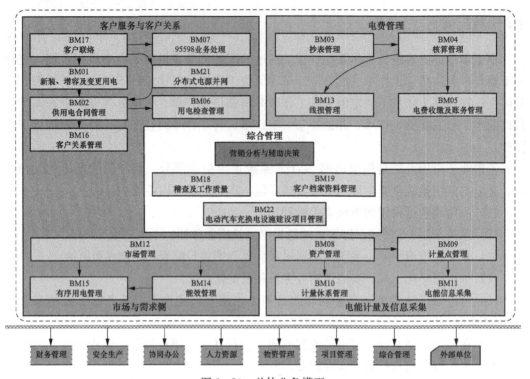

图1-20　总体业务模型

任务二　查 询 类 基 础 操 作

任务目标

掌握营销业务应用系统完成各类信息查询的操作方法，根据具体实例，能够快速准确查询出用户的相关信息、资产的相关信息和工单的相关信息。

任务描述

本任务是在营销业务应用系统中完成信息的查询操作，包括用户相关信息的查询、资产相关信息的查询和工单相关信息的查询。

知识准备

在实际工作中，工作人员可以根据"用户编号"或者用户其他相关信息查询用户相关信息，如查询用户电气联系人、台区编号、变压器的"试验日期"、变压器的"厂家名称"、计量方式、电能表的"综合倍率"、用户计量点的"电量计算方式"、变压器安装日期、变损编号、抄表段编号、峰段电度电价、业务收费项目的收费金额等信息。

工作人员还可以根据资产编号或者资产其他相关信息查询资产的相关信息和流程信

息，如查询资产购置信息、检定环节以及出入库信息、资产库房信息等。

工作人员也可以根据工作单号或者工单其他信息查询工单信息或流程信息，如查询工单的目前状态、发起人或者某个环节具有权限的处理人等。

工具准备

工具为信息化设备，具体的准备要求见表 1-1。

材料准备

材料要求：作业指导书、单元教学设计、安全交底签字表，具体见表 1-2。

人员准备

工作人员的身体、精神状态良好，工作人员的资格包括作业技能、安全资质和特殊工种资质等，具体要求见表 1-3。

场地准备

营销业务应用系统实训场地的危险点与预防控制措施，见表 1-4。

任务实施

查询操作是系统的基本操作，以下采用具体查询案例来完成任务。

【例 1-1】高压用户 003256666（用户编号由课堂给定），查询"台区编号"变压器的"试验日期""厂家名称""计量方式"，电能表的"综合倍率"。

（1）使用工号 1××登录系统（注：1××归属××供电公司≫开发区供电部≫××供电所；××为座位号，本书以下相同不再说明），每个学生登录所用工号由实训教师公布的 Excel 表格指定。

（2）按照路径新装增容及变更用电≫业扩查询≫功能≫客户信息统一视图进入【查询用电客户】界面。

（3）填写"用户编号"003256666，点击"查询"。

（4）选择查询得到的记录，点击"确认"打开，如图 1-21 所示。

（5）在【客户基本信息】下的【受电设备】子选项卡中，找到用户所用变压器记录，如图 1-22 所示，点击"查看"，即可找到"台区编号""试验日期""厂家名称"等信息，如图 1-23 所示。

（6）点击"返回"，在【客户基本信息】下的【计量装置】子选项卡中，找到"电能表"相关信息，可以查到电能表"综合倍率"，如图 1-24 所示。

【例 1-2】查找用户编号为 0011223333 的用户计量点 2 的"电量计算方式"和"定量定比值"。

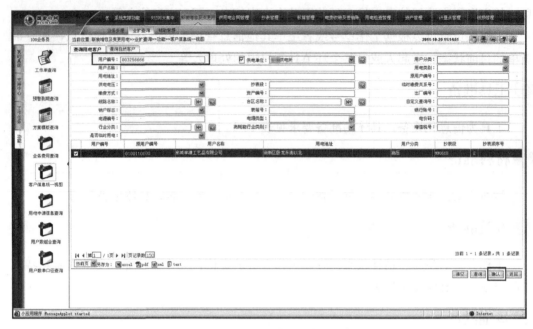

图 1-21　根据用户编号查询用户信息

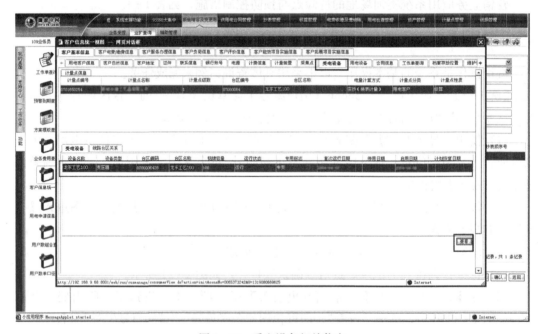

图 1-22　受电设备相关信息

（1）按照路径新装增容及变更用电≫业扩查询≫功能≫客户信息统一视图进入【查询用电客户】界面。

（2）填写"用户编号"0011223333，点击"查询"，如图 1-25 所示。

图1-23 受电设备及出厂信息等相关信息

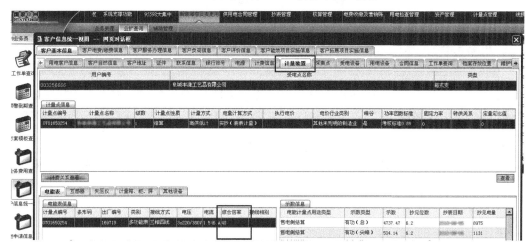

图1-24 计量装置相关信息

（3）选择查询得到的记录，点击"确认"打开【客户基本信息】界面。

（4）在【客户基本信息】中的【计量装置】子选项卡中，可以找到计量点2，即可找到所需信息，如图1-26所示；或点击"查看"进入【计量点方案】界面，也可找到所需信息，如图1-27所示。

【例1-3】查找用户"南胡"，该用户的用户编号尾数为3796，查找该用户变压器的"安装日期""变损编号""抄表段编号"及"峰段电度电价"。

（1）按照路径新装增容及变更用电≫业扩查询≫功能≫客户信息统一视图进入【查询用电客户】界面。

（2）填写"用户名称"南胡，点击"查询"按钮。

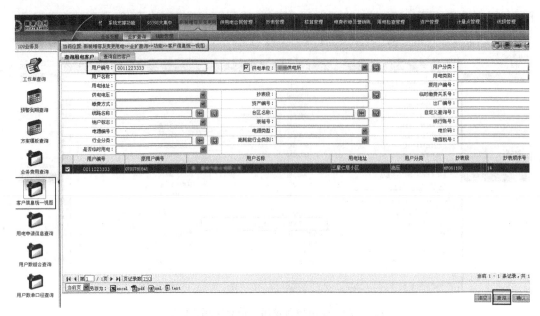

图1-25　客户信息统一视图

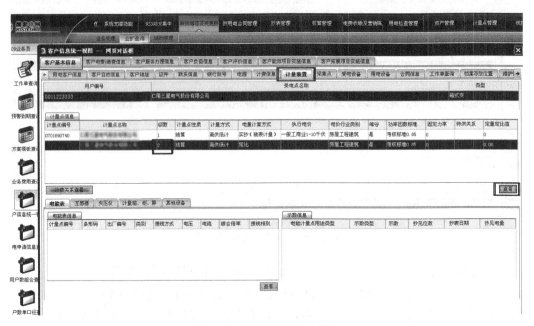

图1-26　计量装置相关信息

（3）在查询结果中比对用户编号尾数为"3796"，找到所需记录，点击"确认"按钮，如图1-28所示。

（4）在【客户基本信息】中的【受电设备】子选项卡中，找到用户所用变压器记录，如图1-29所示，点击"查看"，即可找到变压器的"安装日期"和"变损编号"，如图1-30所示。

图 1-27　计量点方案相关信息

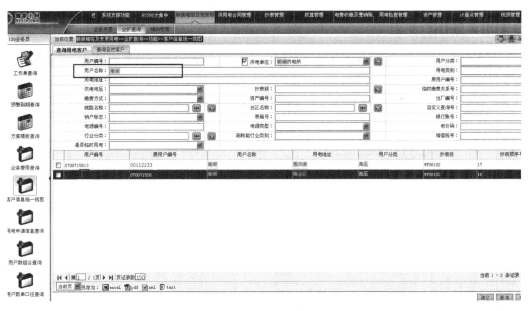

图 1-28　根据用户名称查询用户信息

（5）在【客户基本信息】中的【用电客户信息】子选项卡，即可找到该用户的"抄表段"，如图 1-31 所示。

（6）在【客户基本信息】中的【计费信息】子选项卡中的【用户电价】界面，可以看到用户执行的电价为"一般工商业 1-10 千伏"，如图 1-32 所示；直接点击"一般工商业 1-10 千伏"即可打开该电价，从中可以找到峰段电度电价，如图 1-33 所示。

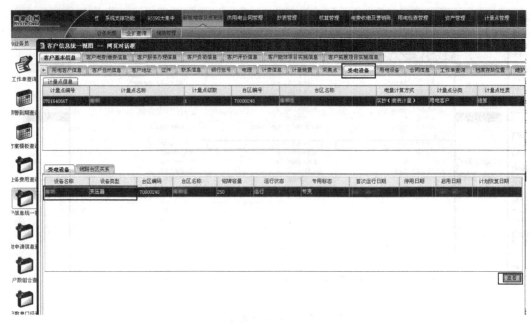

图1-29 通过受电设备查找变压器记录

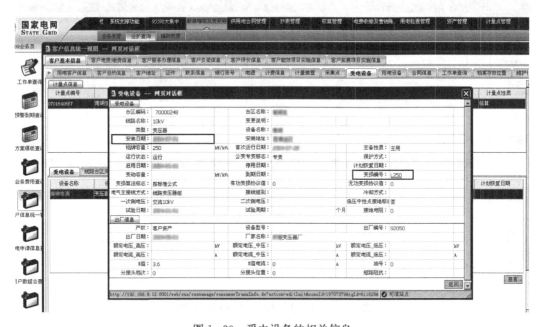

图1-30 受电设备的相关信息

【例1-4】查询资产编号370110003435663的检定信息、出入库信息和表计的相关参数。

（1）按照路径资产管理≫公共查询≫功能≫查询计量资产进入【查询计量资产】界面。

图 1-31　用电客户信息

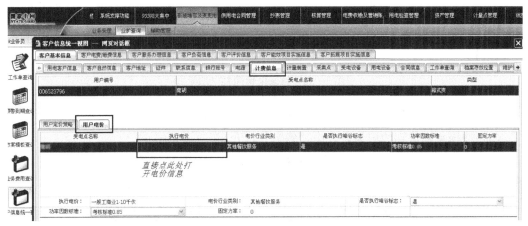

图 1-32　计费信息

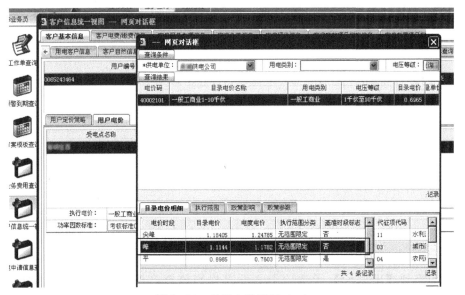

图 1-33　目录电价明细（一）

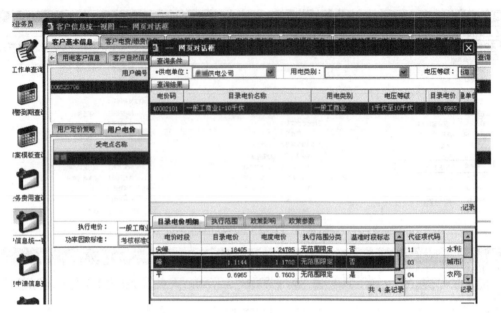

图 1-33　目录电价明细（二）

（2）填写"资产编号"370110003435663，点击"查询"按钮。

（3）选择查询得到的记录，点击"确定"打开。

（4）点击"检定"菜单进入【检定】子选项卡，可以找到该资产的检定信息，如图 1-34 所示。

图 1-34　检定信息查询

（5）切换到【出入库】子选项卡，可以找到该资产的出入库信息，如图 1-35 所示。

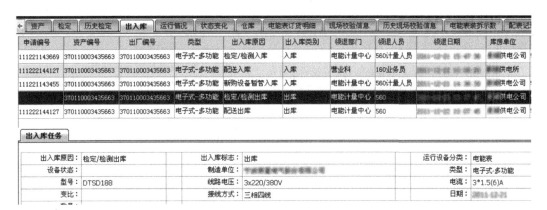

图 1-35　出入库信息查询

（6）切换到【资产】子选项卡，可以找到该资产的表计参数信息，如图 1-36 所示。

图 1-36　表计参数信息查询

任务评价

结合实训过程考核，编制任务实施情况的评价标准进行任务实施结果评定，本任务的任务实施情况的评价标准见表 1-6。

表 1-6　　　　　　　　　　　　任务实施情况的评价标准

序号	内容	注意事项	分值
1	模块布局：了解查询类相关信息查询，重点了解用户信息查询、工单的查询、资产设备信息的查询	分模块了解和查看操作	10

续表

序号	内容	注意事项	分值
2	用户查询：客户档案管理≫功能≫客户信息统一视图，掌握用户查询方法和提高数据的获取能力	也可以通过新装增容及变更用电≫业扩查询≫功能≫客户信息统一视图查询	30
3	资产查询：资产管理≫公共查询≫功能≫查询计量资产，掌握资产查询方法和数据的获取能力	针对不同的资产选择不同的页面查询	25
4	工单查询：工作任务≫待办工单中查看工单分类	针对工单的状态分别查询待办工单、已办工单、历史工单	25
5	恢复工位	规整工位，关闭计算机和电源，养成良好的工作习惯	10

序号	发现问题	注意事项	改进措施	备注
1				
2				

教师		评价结果	

任务扩展

营销业务应用系统随着未来的发展增加移动终端和微应用，各个移动微应用或者移动端操作都有各自的作用。如现场计量包括安装派工、配表（备表）、安装信息录入、智能锁、入库核验、出库核验的业务；现场业扩包括现场勘查、答复供电/并网方案、竣工验收、设备封停（启动）、送（停）电管理的业务；公共查询包括用户档案查询、实时线损查询、可开发容量查询、用户实时负荷查询、关口实时负荷查询、电能表信息查询、计量箱信息查询、实时召测、日冻结表码查询、配网异常检测、现场指标查询、费控余额查询、欠费统计查询、工作轨迹查询、电压合格率查询、发电客户查询的业务等。

操作实例：

结合本次任务，通过分配给自己的工号1××登录营销业务应用系统，进行相关模块功能的熟悉性操作；进行用户相关信息、资产相关信息以及工单相关信息的查询，掌握信息查询的基本方法，完成以下查询案例任务：

（1）请查找出某有限公司（用户编号为0065338227）的计量点电量计算方式、线路名称、电价内的代征合计等信息，并记录在表1-7中。

表1-7　　　　　　　　　　查　询　信　息

本计量点电量计算方式	线路名称	电价内的代征合计	采集点的终端编号	合同编号	变压器出厂日期

（2）请查询出用户编号为 3001521013 的用户所用电能表的订货合同编号和检定/检测入库环节的申请编号，分别是_____、_____。

（3）请查询出计量资产编号 370110003436502 的表计的当前状态、使用用户的用户编号、配送入库日期，分别是_____、_____、_____。

（4）请查询出本人所用工号最近一次归档的低压新装流程对应用户的用户编号及该用户所配电能表的型号，分别是_____、_____。

用电检查应用操作

【情境描述】

本情境包含两项任务，分别是在营销业务应用系统中实现周期检查计划编制和窃电处理。核心知识点包括用电检查的相关业务的操作实现，如窃电处理流程信息化操作的方法。关键技能项包括营销业务应用系统中周期检查年计划和月计划的制定、违约用电及窃电处理的操作项目。

【情境目标】

1. 知识目标

了解用电检查的内容、开展原则、意义，熟悉窃电分类及其处理方法。

2. 能力目标

能够完成营销业务应用系统中周期检查计划的制定和违约用电、窃电的处理，能够正确完成系统中工单流程。

3. 素质目标

树立细心、耐心的岗位态度，培养工匠精神、团队精神、服务意识，增强人民电业为人民的宗旨意识。

任务一　周期检查计划管理

任务目标

结合用电检查的计划管理的要求、开展原则，能够在营销业务应用系统中操作制定周期检查年计划和月计划。

任务描述

本任务是在营销业务应用系统中完成周期检查服务管理操作，包括年计划的制定与月计划的制定。

知识准备

用电检查资格由跨省电网经营企业或省级电网经营企业组织统一考试，合格后发放相应的用电检查资格证书。用电检查资格证书由国务院电力管理部门统一监制，用户检查资格分为一级用电检查资格、二级用电检查资格、三级用电检查资格三类。三级用电检查员仅能担任 0.4 千伏及以下电压受电用户的用电检查工作；二级用电检查员能担任 10 千伏及以下电压供电用户的用电检查工作；一级用电检查员能担任 220 千伏及以下电压供电用户的用电检查工作。

为了保障电网的安全、稳定、经济运行，维护正常供用电秩序和公共安全，保护供用双方的合法权益，供电企业按照管理要求和合同要求对客户用电情况进行检查，开展用电安全管理和供用电合同履行情况的检查工作。

用电检查实行按"各网省电网统一组织实施，分级管理"的原则，接受各级电力管理部门的监督管理。在系统中用电检查管理业务类共包括周期检查服务管理、专项检查管理、违约用电窃电管理、运行管理、用电安全管理五个业务项，基本涵盖了营销业务应用中所有和用电检查相关功能。

用电检查管理模块功能是按照日常用电检查管理工作进行信息化设置的，总体功能说明如下：

（1）本业务类核心业务为日常用电检查和违约用电窃电管理。

（2）周期检查可以先制定年计划再制定月计划，最后根据已经通过的月计划制定实际的用电检查任务。

（3）可以制定专项检查计划，对审批通过的专项检查计划制定实际的用电检查任务。

（4）对日常发现的违约用电和窃电情况进行管理，实现追补电费和罚款分开计费和收取的方式。

（5）维护用户的其他用电设备，并记录相应的试验等维护信息。

（6）对用户的用电安全信息进行记录和管理。

根据服务范围内客户的用电负荷性质、电压等级、服务要求等情况，确定客户的检查周期，编制检查计划，确定客户检查服务的时间。

根据国家有关电力供应与使用的法规、方针、政策和电力行业标准，按照检查计划，对客户用电安全及电力使用情况进行检查服务。

图 2-1 为周期检查服务管理业务流程，由图可知周期检查服务业务包括周期检查年计划、周期检查月计划、任务分派等业务子项。

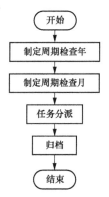

图 2-1 周期检查服务管理业务流程

工具准备

工具为信息化设备，具体的准备要求见表1-1。

材料准备

材料要求：作业指导书、单元教学设计、安全交底签字表，具体见表1-2。

人员准备

工作人员的身体、精神状态良好，工作人员的资格包括作业技能、安全资质和特殊工种资质等，具体要求见表1-3。

场地准备

营销业务应用系统实训场地的危险点与预防控制措施，见表1-4。

任务实施

一、年计划的制定

情境模拟：××供电所根据辖区用户特性，定期开展年度用电检查服务管理工作，年计划制定流程图如图2-2所示。

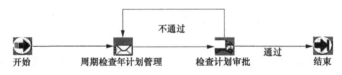

图2-2　年计划制定流程

登录营销业务应用系统（本次操作网址 http://192.168.9.12:8001/web/或 http://192.168.9.68:8001/web/），详细的指导如下：

（1）打开【用电检查管理】主菜单项，单击子菜单项"周期检查服务管理"，在左侧展开的功能列表中可以看到"周期检查年计划管理"选项，单击"周期检查年计划管理"打开周期检查【年计划制定】界面，完成描述的填写，如图2-3所示。

单击右下角"添加用户"按钮，打开如图2-4所示的年计划生成界面，根据查询条件查询出需要生成周期检查年计划的用户，确认无误后单击"保存全部"按钮，系统提示生成成功的信息，自此周期检查年计划已经生成。

（2）关闭年计划生成页面，系统自动刷新后出现刚刚生成的周期检查年计划，如图2-5所示（本案例为了更多人可以练习，故选择了一户进行操作），点击"发送"按钮，流程发送到检查计划审批环节。

图 2-3　年计划制定管理

图 2-4　添加检查用户

图 2-5　计划生成

（3）点击【工作任务】列表中可以看到"待办工作单"项，点击该选项后进入【待办工作单】页面，输入刚刚生成的年计划的申请编号，查询出周期检查年计划审批的工作单后点击"处理"按钮后进入【周期检查年计划审批】页面，如图 2-6 所示。

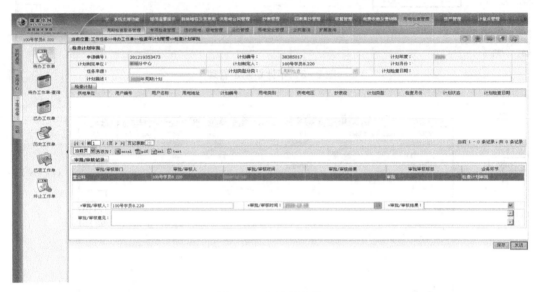

图 2-6　年计划审批

（4）输入审批意见后点击"保存"按钮，系统提示保存成功后再点击"发送"按钮，系统提示流程结束，如图 2-7 所示。

图 2-7　完成年计划

二、月计划的制定

情境模拟： ××供电所根据年度用电检查服务管理计划，制定月度检查计划，开展月度检查服务工作，如图2-8所示。

图2-8 月计划流程图

详细的操作指导如下：

（1）登录系统后，打开【用电检查管理】主菜单项，单击子菜单项"周期检查服务管理"在左侧展开的"功能"列表中可以看到"月计划制定"选项，点击后进入【月计划制定】页面，如图2-9所示。

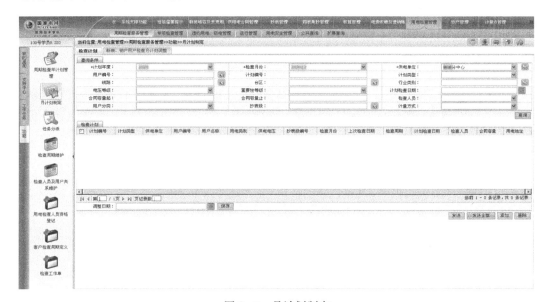

图2-9 月计划制定

（2）录入相应查询条件查询出已经年计划审批通过的信息。该页面可以对周期检查月计划进行调整，如需要将某一用户的检查日期调整到××××-××-××，需要选中该用户后在"调整日期"中录入"××××-××-××"后点击"调整日期"按钮即可，如图2-10所示。

（3）查询出已经审批通过的信息后选中需要生成检查月计划的信息后点击"发送"按钮，流程发送到检查月计划审批环节。

（4）点击【工作任务】列表中可以看到"待办工作单"选项，点击后进入【待办工作单】页面，输入刚生成的月计划的申请编号，查询出周期检查月计划审批的工作单后点击"处理"按钮后进入【检查计划审批】页面，如图 2-11 所示。

（5）输入审批意见后点击"保存"按钮，系统提示保存成功后再点击"发送"按钮，系统提示流程结束。

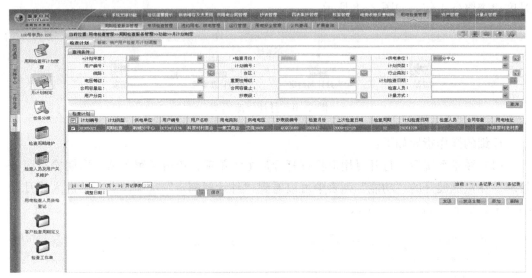

图 2-10　月计划调整

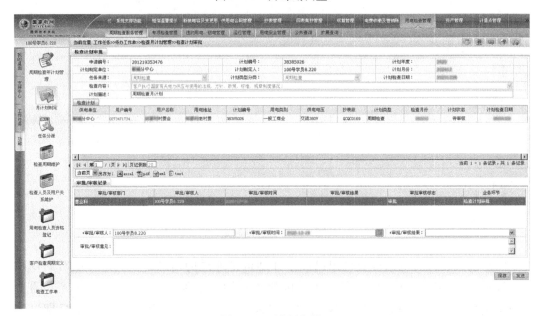

图 2-11　计划审批

任务评价

结合实训过程考核，编制任务实施情况的评价标准进行任务实施结果评定，本任务的任务实施情况的评价标准见表 2-1。

表 2-1　　　　　　　　　　　　　　　任务实施情况的评价标准

序号	内容	注意事项	分值
1	学习周期检查年计划、周期检查月计划、任务分派等业务子项	注意角色的不同	20
2	年计划制定：用电检查管理≫周期检查服务管理≫功能≫周期检查年计划管理	年计划只能按照"单位"和"用户分类"来划分类别生成	20
3	年计划审批：工作任务≫待办工单≫检查年计划管理≫检查年计划审批	注意工单查询自己的工单。锁定并做别人工单将被扣3~5分	25
4	月计划制定：电检查管理≫周期检查服务管理≫功能≫月计划制定	注意月计划的编制方法	25
5	恢复工位	规整工位，关闭计算机和电源，养成良好的工作习惯	10
序号	发现问题	注意事项	改进措施	备注
1				
2				
教师		评价结果		

📎 任务扩展

周期检查年计划制定的业务流程包括三个环节，如图 2-12 所示。年计划操作技巧参照表2-2在操作中灵活运用。

周期检查月计划制定的业务流程包括三环节，如图 2-13 所示。月计划操作技巧参照表 2-3 在操作中灵活运用。

常见问题及处理：

（1）周期检查年计划如何调整？

周期检查年计划目前在制定的时候是不能调整的，如果确需调整可以在年计划审批完成之后在【月计划制定】页面调整具体的检查日期，如果想把年计划中的某些用户去掉，即不在本年检查，则可以在年计划中删除该户的检查计划。

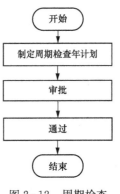

图 2-12　周期检查
年计划管理

表 2-2　　　　　　　　　　　　　　　年计划操作技巧

流程环节	工号	流程说明、注意事项及操作技巧
计划制定	1××	（1）每年1月份做当年的周期检查年计划。 （2）生成年计划时，系统只生成属于所选择单位的年计划，不包括其下属单位，因此当上级单位做年计划时需要将所有的下级单位的年计划都生成。 （3）根据用户的上次检查日期和检查周期来确定是否生成本年的计划。如有2个用户A和B，A用户的上次检查日期20220630，检查周期24；B用户的上次检查日期20220630，检查周期12，生成2023年的年计划时A用户不生成计划，B用户生成计划，并且检查日期为20230630。

续表

流程环节	工号	流程说明、注意事项及操作技巧
计划制定	1××	（4）"周期检查年计划管理"已经生成的计划没有审批通过时，再生成一个同类别的年计划会将已经生成的年计划下的用户删除，所有用户将在新生成的年计划中出现。不同类别的年计划不会有影响。 （5）年计划可按照"单位"和"用户分类"来划分类别生成。其他查询条件只能起到查询作用，与生成计划无关。 （6）如果某类别的年计划已经审批通过，原则上不允许再次生成该类别的年计划。因为再次生成的年计划审批通过后，在月计划中一个用户可以查询出2个该用户的计划。 （7）年计划制定过程中没有提供调整功能，所有计划的调整在月计划中做
计划审批	1××	如果审批不通过必须录入审批意见，保存发送后，工单流程会回到"周期检查年计划管理"环节，该工作单在待办工作单中能查询到，并且能够查看到审批记录和意见

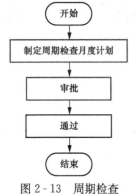

图 2-13 周期检查
年计划管理

（2）如何将新装用户增加到周期检查年计划中？

在【月计划制定】页面点击【新装、销户用户检查月计划调整】标签页，在该页面"客户属性值"选择"新装"，然后查询出新装的用户，选中新装的用户点击"新增"按钮即可完成。

（3）如何将销户用户从周期检查年计划中删除掉？

在【月计划制定】页面点击【新装、销户用户检查月计划调整】标签页，在该页面"客户属性值"选择"销户"，然后查询出销户的用户，选中销户的用户点击"删除"按钮即可完成。

（4）对于审批不通过的计划（年计划、月计划）在哪里看审批意见？

表 2-3 月计划操作技巧

流程环节	工号	流程说明、注意事项及操作技巧
计划制定	1××	月计划延期原则上只能向后延，且不能超过一个月，并且不能延期到下一年
计划审批	1××	如果审批不通过必须录入审批意见，保存发送后，工单流程会回到"月计划制定"环节，该工作单在待办工作单中能查询到。并且能够查看到审批记录和意见

所有审批不通过的计划都被退回到计划制定的环节，可以在待办工单中查到，进入工单后点击【审批信息】标签页可以查看所有审批信息。

任务二 窃电处理应用

📟 任务目标

掌握窃电的归类及其信息化处理方法。根据用电检查业务工作中发现的用电异常情况进行现场调查取证获得电子证明材料，结合材料能够在营销业务应用系统中完成窃电的流程处理。

任务描述

本任务是在营销业务应用系统中对发生窃电的用户进行处理,完成系统中的窃电处理业务工单流程,包括系统中的现场调查取证、窃电处理、复电等环节操作。

知识准备

针对稽查、检查、抄表、电能量采集、计量、线损管理、举报受理等工作中发现的涉及窃电的用电异常情况,进行现场调查取证,对确有窃电行为的应及时制止,并按相关规定进行处理,具体的业务流程如图 2-14 所示。

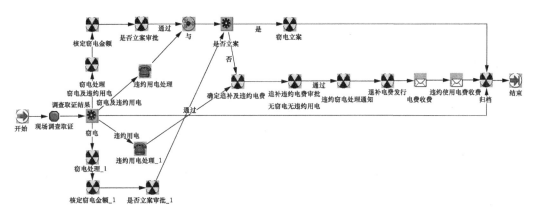

图 2-14　实训操作流程

《供电营业规则》中关于窃电的规定如下。

第一百零一条　禁止窃电行为。窃电行为包括:

1)在供电企业的供电设施上,擅自接线用电;

2)绕越供电企业用电计量装置用电;

3)伪造或者开启供电企业加封的用电计量装置封印用电;

4)故意损坏供电企业用电计量装置;

5)故意使供电企业用电计量装置不准或者失效;

6)其他窃电行为。

第一百零二条　供电企业对查获的窃电者,应予制止并可当场中止供电。窃电者应按所窃电量补交电费,并承担补交电费 3 倍的违约使用电费。拒绝承担窃电责任的,供电企业应报请电力管理部门依法处理。窃电数额较大或情节严重的,供电企业应提请司法机关依法追究刑事责任。

第一百零三条　窃电量按下列方法确定:

1)在供电企业的供电设施上,擅自接线用的,所窃电量按私接设备额定容量(千伏·安视同千瓦）乘以实际使用时间计算确定；

2）以其他行为窃电的，所窃电量按计费电能表标定电流值（对装有限流器的，按限流器整定电流值）所指的容量（千伏·安视同千瓦）乘以实际窃用的时间计算确定。

窃电时间无法查明时，窃电日数至少以 180 天计算，每日窃电时间：电力用户按 12 小时计算；照明用户按 6 小时计算。

第一百零四条　因违约用电或窃电造成供电企业的供电设施损坏的、责任者必须承担供电设施的修复费用或进行赔偿。

因违约用电或窃电导致他人财产、人身安全受到侵害的，受害人有权要求违约用电或窃电者停止侵害，赔偿损失。供电企业应予协助。

工具准备

工具为信息化设备，具体的准备要求见表 1-1。

材料准备

材料要求：作业指导书、单元教学设计、安全交底签字表，具体见表 1-2。

人员准备

工作人员的身体、精神状态良好，工作人员的资格包括作业技能、安全资质和特殊工种资质等，具体要求见表 1-3。

场地准备

营销业务应用系统实训场地的危险点与预防控制措施，见表 1-4。

任务实施

情境模拟：××供电所人员根据辖区内用电检查、营业普查或客户举报等途径，对发生的窃电用户在系统中进行依法处理的业务操作应用。信息化业务操作分为现场调查取证、窃电处理、违约用电处理等多个环节。

登录营销业务应用系统（网址 http://192.168.9.12:8001/web/或 http://192.168.9.68:8001/web/），按照分配的工号要求按密码登录，具体详细的作业指导如下：

（1）登录系统后，打开【用电检查管理】主菜单项，单击子菜单项【违约用电、窃电管理】在左侧展开的【功能】列表中可以看到【现场调查取证】项，单击后进入【现场调查取证】页面，如图 2-15 所示。

如果获得了取证的资料，确定该用电客户存在窃电的情况，则点击"用户编号"框右侧的田按钮，弹出用户选择页面，在该页面根据实际情况录入查询条件点击"查询"

按钮，系统查询出符合条件的用户后，选中对应的窃电的用户后点击"确认"按钮，系统返回【现场调查取证】页面，如图 2-16 所示，务必核实用户。

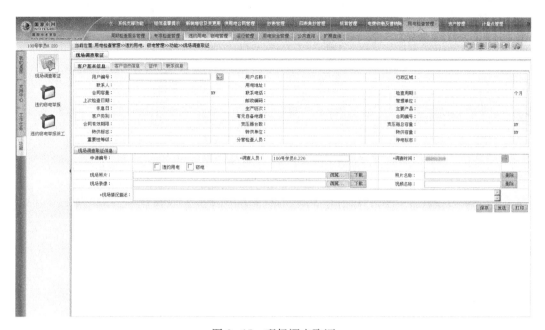

图 2-15　现场调查取证

图 2-16　信息填写

（2）如果窃电的不是用电客户（即"黑户"，也就是在系统中没有该用户），则在现场调查取证页面直接点击"保存"按钮，系统会提示"没有用户编号，是否发起无档案客户违约、窃电流程"，如图 2-17 所示，点击"确定"后即发起无档案客户违约窃电流程。具体流程和有档案用户一致。

（3）以有档案用户为例，选择完用户后在"现场调查取证信息"中根据实际情况录入调查取证情况，实训中以只存在窃电的情况为例，如图 2-18 和图 2-19 所示。

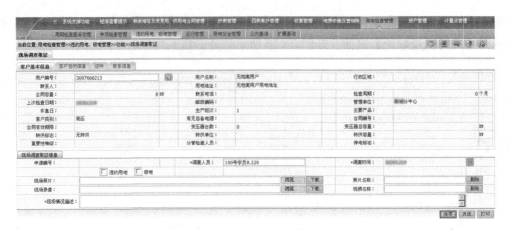

图 2-17　非用电客户情况

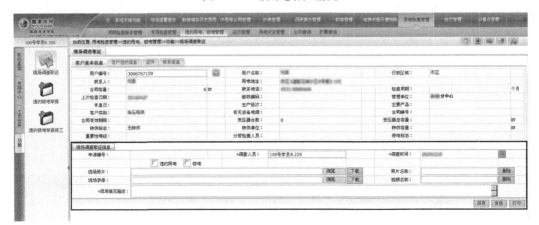

图 2-18　违约用电和窃电的选择

（4）该用户只存在窃电情况，无违约用电情况，点击选择窃电，打上对号，确认信息无误后点击"保存"按钮，提示成功后再点击"发送"按钮，流程发送到窃电处理环节。

（5）点击【工作任务】列表中可以看到【待办工作单】选项，点击后进入待办工单页面，输入刚生成的申请编号，查询出窃电处理工作单后，选中窃电处理的工作单点击"处理"按钮后进入窃电处理页面，如图 2-19 所示。

（6）根据实际情况选择录入窃电行为、发生日期、立案、停电、处理情况后，这里以"故意损坏计量计费装置"为例，点击"保存"，完成窃电信息保存，如果选择了立案在发送流程后需要走立案的流程并后续归档，如果选择停电，则需要录入"停电人员""停电原因""停电时间"，因窃电行为确定无疑，这里的停电不需要走停电流程，而是直接停电，如图 2-20 所示。

（7）在窃电处理页面可以直接发起计量装置故障的子流程，点击"发起计量装置故障流程"按钮，弹出子流程发起页面，录入"处理部门""处理人员""备注"后点击"发送"后子流程发起成功，如图 2-21 所示，后续相关人员在进行计量设备的处理，本章不再详细描述。

图 2-19 窃电处理

图 2-20 信息录入保存

图 2-21 计量装置故障的子流程

（8）在窃电处理页面点击"打印"按钮后弹出【窃电通知书打印】页面，可以打印窃电通知书，如图 2-22 所示。

图 2-22　窃电通知打印面

（9）确认录入信息无误后点击"发送"按钮，流程发送到窃电立案环节。

（10）页面自动跳转到【待办工作单】中，录入申请编号查询出"窃电立案"的工作单，点击"处理"按钮，进入窃电立案环节，如图 2-23 所示。

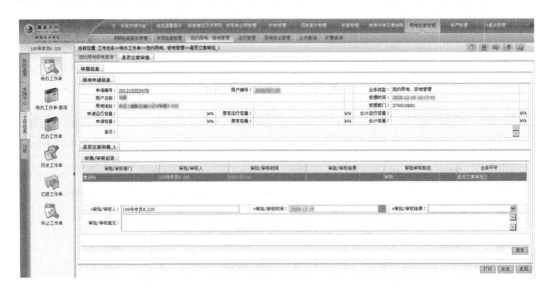

图 2-23　窃电立案

（11）根据实际情况，如金额过大等需要警方配合，仔细录入"受理部门""立案日期""涉案金额"后，点击"保存"按钮后再点击"发送"按钮，流程发送到【归档】

环节。

（12）查询出所作工单后，点击"处理"按钮，如图 2 - 24 所示，如前面没选勾选立案，则该环节对上环节"不立案"进行审批确认，录入"审批/审核结果"后，点击"发送"按钮，进入确定追补及违约电费环节。

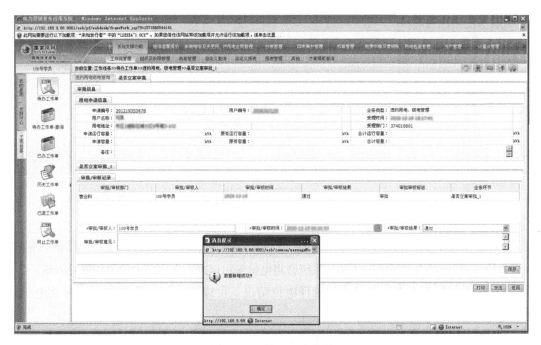

图 2 - 24　是否立案审批

（13）查询出窃电处理工作单后，选中工作单点击"处理"按钮后进入【确定追补及违约电费】页面，如图 2 - 25 所示。

图 2 - 25　窃用电退补处理

（14）在"退补处理分类标志"中选择"追补电费"，然后录入其他信息后点击"保存"，需注意此处需下拉菜单选择"追补电费"才会有后续的处理按钮，完成保存操作后点击"调整电费"按钮，弹出【退补电费明细】页面，如图 2 - 26 所示。

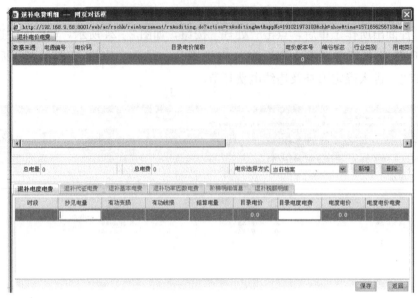

图 2-26　追补电费

1）在"电价选择方式"中，首先选择"当前档案"（当前档案代表该用户的档案原有的设置电价），然后点击"新增"按钮，系统会将电价显示出来，在当前电价下作退补处理。

2）本案例暂不考虑该居民户的阶梯电价情况，可以选择点击删除二档、三档电价，具体现场请按照规定处理。

3）进入【确定追补电费及违约使用电费】页面，如图 2-27 所示。在窃电追补基数中录入需要追补的电量（本任务为 100 千瓦·时），然后点击"保存"按钮，生成"目录电度电费"，注意相对违约用电，窃电一般有电量的增加，如图 2-28 所示。

图 2-27　追补电费当前电价

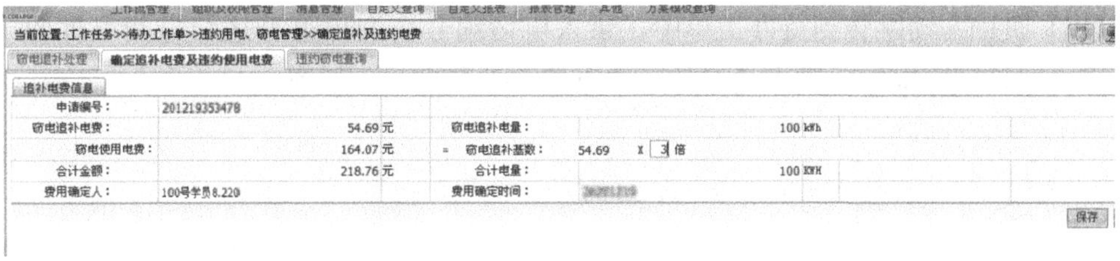

图 2-28 填写窃电追补基数

违约用电工单与窃电工单的区别：点击【窃电退补处理】标签页按照上面的流程对窃电做追补电费，窃电追补只涉及追收电费，而违约用电可能存在退补电费操作，一般就是两种电价电价电量的比较差额，不存在电量增加。本任务中的窃电处理存在电量的增加。

4）对于窃电电处理，违约用电电费追补之后再点击【确定追补电费及违约使用电费】标签页，如图 2-28 所示，确定费用后点击【发送】按钮，回到代办工单。而图 2-29 所示为违约用电的追补电费及违约使用电费。

图 2-29 违约时的违约使用电费

注意：本环节可以对违约使用电费的倍数进行更改。区别在于一般违约用电 2 倍，窃电 3 倍。若有其他违约，也可以在"其他违约使用电费"中直接定义罚款数额，录入完成后点击"保存"按钮，完成罚款的录入，确认无误后点击"发送"按钮，流程发送到审批环节。

（15）页面自动跳转到待办工单中，录入申请编号查询出追补违约电费审批的工作单，点击"处理"按钮，进入【追补违约电费审批】页面，如图 2 - 30 所示。

图 2 - 30　追补违约电费审批

（16）录入审批意见后点击"保存"，然后点击"发送"按钮，如果审批通过则流程发送到【违约窃电处理通知】；如果审批不通过则流程回到之前的环节。

（17）页面自动跳转到待办工单中，录入申请编号查询出"违约窃电单据打印"的工作单，点击"处理"按钮，进入【违约窃电处理通知】页面，如图 2 - 31 所示。

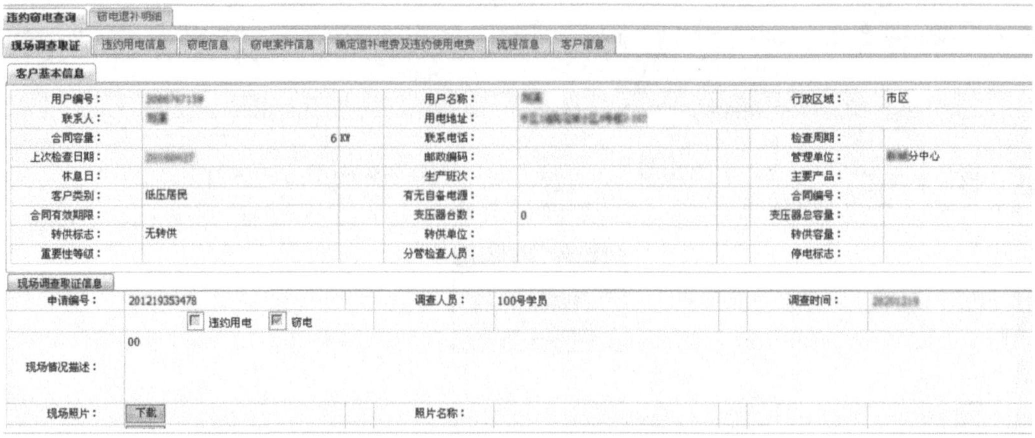

图 2 - 31　违约窃电处理通知

（18）该页面可以查看违约用电窃电的所有情况，点击"打印"按钮，弹出打印单据选择页面，打印"缴费通知单"，完成打印，关闭页面后点击"发送"按钮，流程发送到退补电费发行环节。

（19）页面自动跳转到待办工单中，录入申请编号查询出"退补电费发行"的工作单，点击"处理"按钮，进入【退补电费发行】页面，如图 2 - 32 所示。

（20）在退补电费发行页面可以点击【违约用电退补明细】来查看退补电费的明细，确定无误后点击"发送"按钮，执行电费发行和流程发送的功能，流程发送到电费收费环节。

（21）页面自动跳转到待办工单中，录入申请编号查询出【电费收费】的工作单，点击"处理"按钮,进入【电费收费】页面,如图2-33所示。

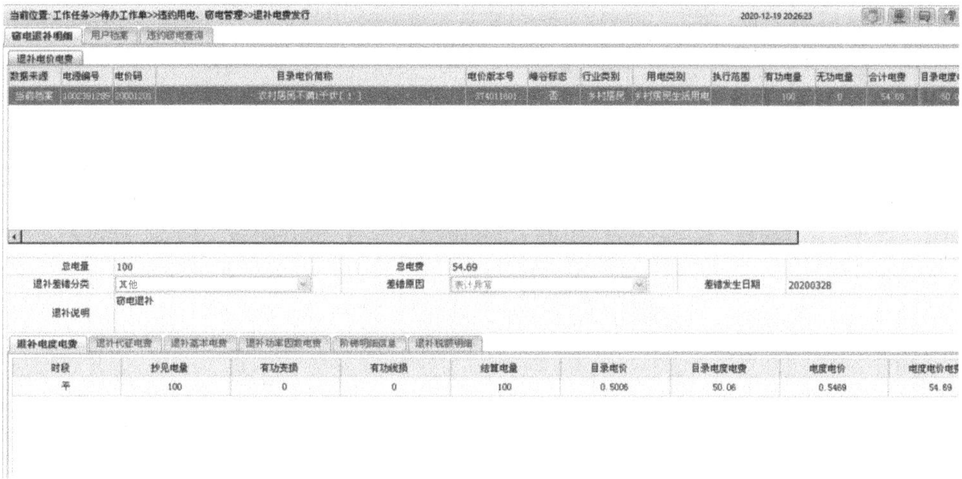

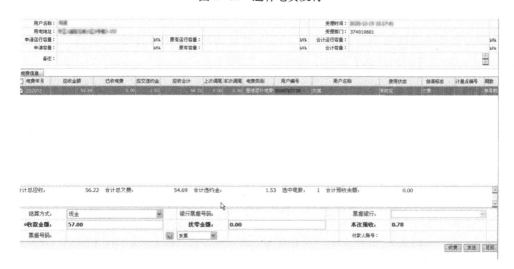

图2-32　退补电费发行

图2-33　电费收费

(22)电费收费一般是由收费员来收取的,注意角色的切换,因此需要在收费账务模块中的电费坐收中处理,流程控制人员进入界面后查看电费是否收取,如果已经收取可以执行"发送"操作,流程发送到【违约使用费收费】环节。本次收费为用户补交电费,计入公司成本,故需单独收费。

(23)回到待办工单中,录入申请编号查询出"违约使用费收费"的工作单,点击"处理"按钮,进入【违约使用费收费】页面,如图2-34所示。

(24)违约使用费收费的情况与电费收费类似,此处违约的"违约款"单独收费,也是由收费员在业务费坐收功能中收取,收费员不直接操作流程,进入后查看业务费是否收取,注意此处无须多次点击,可以在业务费实收信息中查看情况,如果已经收取可以执行"发送"操作，流程发送到归档环节。

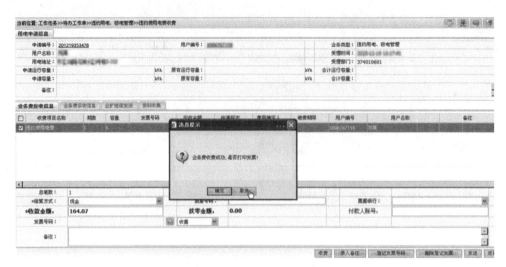

图 2-34　违约使用费收费

（25）页面自动跳转到待办工单中，录入申请编号查询出归档的工作单，点击"处理"按钮，进入【资料归档】页面，如图 2-35 所示。

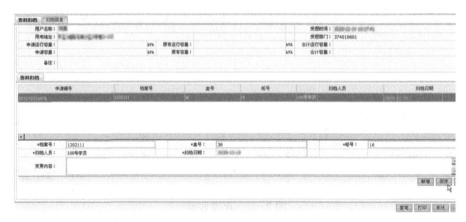

图 2-35　资料归档

（26）在归档环节，录入档案的存放位置后点击"保存"按钮，完成档案保存。点击"打印"按钮可以打印窃电行为报告，点击"发送"按钮后流程结束。可以在历史工单中查询。

（27）如窃电的处理需要为用户进行复电操作，则本任务在归档的时候会出现"复电"按钮，如果该用户已经停电，并且电费和违约使用电费已经结清，则点击"复电"按钮，系统弹出【复电发起】页面，如图 2-36 所示。

（28）录入"计划复电时间""复电原因"后点击"发送"按钮，复电的子流程发起。查询工单，按照复电流程一直做到归档，点击"发送"按钮后流程全部结束。

图 2 - 36 复电操作

⊜ 任务评价

结合实训过程考核，编制任务实施情况的评价标准进行任务实施结果评定，本任务的任务实施情况的评价标准见表 2 - 4。

表 2 - 4 任务实施情况的评价标准

序号	内容	注意事项	分值
1	现场调查取证：点击用电检查管理≫违约用电、窃电管理≫功能≫现场调查取证	根据调查取证的结果，按照违约用电和窃电处理的有关规定，针对客户情况确定处理方式，环节可以模拟上传照片和录像	5
2	违规类型选择：根据用户违约用电或窃电的情况，点击"用户编号"选中违约用电或窃电的用户后填写信息，发起工单	违约用电或窃电的不是用电客户，系统会提示发起无档案客户违约窃电流程	10
3	违约用电处理：工作任务≫待办工单≫违约用电、窃电管理≫违约用电处理	根据实际情况录入违约用电行为、发生时间和处理情况，打印违约用电通知书	20
4	窃电处理：工作任务≫待办工单≫违约用电、窃电管理≫窃电处理。进行核实窃电金额和是否立案审批流程处理	不需要立案，流程发送到确定追补及违约电费环节；需要立案流程发送到"归档"环节	15
5	确定追补及违约电费：工作任务≫待办工单≫违约用电、窃电管理≫确定追补及违约电费	违约用电一般只作罚款，不追补电费；窃电一般既罚款又追补电费	15
6	违约窃电处理通知：工作任务≫待办工单≫违约用电、窃电管理≫违约窃电处理通知		5
7	退补电费发行：工作任务≫待办工作单≫违约用电、窃电管理≫退补电费发行	一般由核算员处理，注意权限角色的使用	5
8	电费收费：工作任务≫待办工作单≫违约用电、窃电管理≫电费收费	电费收费一般是由收费员来收取的	5

续表

序号	内容	注意事项	分值
9	违约使用费收费：工作任务≫待办工作单≫违约用电、窃电管理≫违约使用费收费	收费员只收费而不发送流程，而流程控制人员不收费，如果已经结清只需要发送流程即可	10
10	归档：工作任务≫待办工作单≫违约用电、窃电管理≫归档	如果有窃电行为，在归档的时候会发起"复电"子流程提示	5
11	恢复工位	规整工位，关闭计算机和电源，养成良好的工作习惯	5

序号	发现问题	注意事项	改进措施	备注
1				
2				

教师		评价结果	

🎓 任务扩展

窃电的业务流程的操作技巧参照表2-5在操作中灵活运用。

表2-5 窃电管理操作技巧

流程环节	工号	流程说明、注意事项及操作技巧
现场调查取证	1××	环节可以上传照片和录像，也可以将已经上传的照片和录像删除
窃电处理		在窃电流程中停电时不需要发起流程，但复电时需要发起复电流程
窃电立案		需要录入涉案金额，但流程还没有走到确定追补及违约电费的环节，因此这里的金额需要人为计算出来，可以在窃电处理环节的"窃电情况"中录入，并且可以在窃电立案环的"窃电现象描述"中看到相应信息
追补违约电费审批		一般由上级部门审批，如果在待办工作单中看不到该工单，请到已办工单中查询到工单后点击【进程查询】查看该工单应该由谁来处理
退补电费发行		一般是由核算员处理，如果在待办工作单中看不到该工单，请到已办工单中查询到工单后点击【进程查询】查看该工单应该由谁来处理
电费收费、违约使用电费收取		（1）一般是收费员在电费坐收功能里收费，因此收费员只收费而不发送流程，而流程控制人员不收费，因此在这个功能中流程控制人员不要点击"收费"按钮，只需要查看费用是否结清，如果已经结清只需要发送流程即可。 （2）收费页面的"保存"按钮就是收费，因此提醒流程操作人员不要点击

常见问题处理：

（1）无档案用户如何录入窃电信息？

在现场调查取证页面录入窃电情况之后直接点击"保存"按钮，系统会提示"是否发起无档案客户违约窃电流程"，点击"确定"后系统会自动生成一个用户编号，并且生成无档案用户名称，在收费打印时可以录入系统自动生成的用户编号来收取费用。

（2）在窃电处理环节选中停电复选框后保存发送为什么没有发起停电流程？

此处只要勾选"停电"，发送后该用户就已经置为停电状态，不需要发起停电流程。

（3）为什么在电费发行环节看到的金额不是"确定追补及违约电费"环节时录入的金额？

违约窃电确定的费用分为两部分，一部分是追补的电费，是要进入营业成本的；另一部分是罚款，在系统中称为业务费，是不进入生产成本的，因此在电费发行环节看到的金额只是电费的金额。

操作实例：

××供电所管辖的某居民用电用户（自建的低压居民用户或查询本工号建的用户），利用住宅沿街的优势，在家中私自开设小卖部。被供电企业的用电检查人员查获。经对小卖部中的电器使用情况进行测算，实际已使用了 300 千瓦·时的一般工商业电量，无其他违约用电和窃电行为。请按上述提供的信息，做一个窃电、违约用电处理流程（做到流程归档结束止）。

情境三

库房管理操作

【情境描述】

本情境包含两项任务，分别是在营销业务应用系统中实现周转箱操作与移表位、设备分拣与出入库。核心知识点包括库房、库区、存放区、储位的基本概念，库房管理过程中设备的运转流程。关键技能项包括营销业务应用系统中的周转箱建档与召回、设备出入箱与移表位、设备分拣、出入库等管理功能的操作项目。

【情境目标】

1. 知识目标

理解库房管理的相关知识，掌握库房、库区、存放区、储位的基本概念，掌握库房管理过程中设备的运转流程。

2. 能力目标

能够完成营销业务应用系统中的周转箱建档与召回、设备出入箱与移表位、设备分拣、出入库等操作。

3. 素质目标

树立细心、耐心的岗位态度，培养工匠精神、团队精神、服务意识，增强人民电业为人民的宗旨意识。

任务一　周转箱操作与移表位

🖳 任务目标

熟悉系统库房、库区、存放区、储位的基本概念，能够在营销业务应用系统中完成周转箱建档与召回、设备出入箱与移表位操作。

🔲🧍 任务描述

本任务主要是在营销业务应用系统中完成周转箱的相关操作，包括周转箱建档、报废、召回以及设备的出入箱和移表位。

📖 知识准备

库房管理是指对库房的库区、存放区、储位的建立和维护工作进行的管理，库房管理的目标是实现库房定置管理。

定置信息包括存放区编码、存放区名称、所属库房编码、所属库区编码、储位类型、储位信息等。

库房按设备性质建立库区；库区按设备状态进行划分若干个存放区；存放区根据储存方式划分成若干储位，储位信息包括储位编码、存放设备的具体容量等。

对设备入库工作进行管理主要包括：根据入库设备状态将设备存放置在对应储位上，并对入库设备进行核验和登记；按类别、状态对设备进行入库、出库登记；对库存量进行盘点，并进行盘盈盘亏处理，根据库存量和设备库存时限发出预警；根据库存设备流转的需要，产生出库任务，同时接收来自其他业务流程的出库任务，包括新购暂管出库、配送出库、待检定/校准等。

营销业务应用系统中，库房管理业务项包含多种业务子项，如周转箱建档/报废、周转箱召回、设备出入箱、移表位、设备分拣、领出未装入库等。

📑 工具准备

工具为信息化设备，具体的准备要求见表 1-1。

🔧 材料准备

材料要求：作业指导书、单元教学设计、安全交底签字表，具体见表 1-2。

📹 人员准备

工作人员的身体、精神状态良好，工作人员的资格包括作业技能、安全资质和特殊工种资质等，具体要求见表 1-3。

🗺 场地准备

营销业务应用系统实训场地的危险点与预防控制措施，见表 1-4。

📦 任务实施

登录系统 http://192.168.9.12:8001/web/或 http://192.168.9.68:8001/web/。

实训工号 5××，对应为××计量中心工作人员；××为座位号，如 01 即为 501，实训密码为 1。

一、周转箱的建档与报废

打开【资产管理】主菜单项，单击子菜单项"库房管理"，在左侧展开的"功能"

列表中可以看到"周转箱建档/报废"选项，单击打开【周转箱建档/报废】界面。

点击"新增"并根据实际情况录入或选取新建周转箱的相关参数信息，其中"开始条形码"与"结束条形码"为系统自动生成，需要在录入其他信息后单击 按钮生成。所有信息录入完成之后，点击"保存"即可建立新的周转箱，如图 3-1 所示。

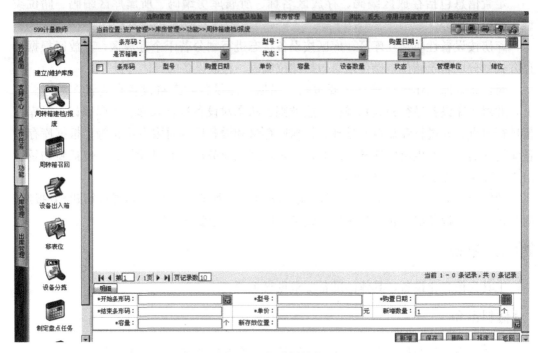

图 3-1 新增周转箱

如果要查询系统中已有的周转箱信息，在界面上方的"条形码""型号""是否箱满""状态"中录入相应的查询条件，点击"查询"按钮即可。

输入条码后查询，对于选中的周转箱可进行参数修改和存放位置修改操作，直接在界面下方的明细更改后单击"保存"即可。

若需要将现有周转箱报废，在同一个界面，查找出需要报废的周转箱并选中，点击"报废"按钮，则将该周转箱的状态置为"报废"。

二、周转箱的召回

随表计配送到下级供电所的周转箱可以回收利用，走"召回"流程。此操作需要××供电所员工操作，即登录工号 1×× 执行。

打开【资产管理】主菜单项，单击子菜单项"库房管理"，在左侧展开的"功能"列表中可以看到"周转箱召回"选项，单击打开【周转箱召回】界面。

在界面上方的"管理单位""箱条形码"和"型号"栏中选取和录入相应的查询条件，随后点击"查询"按钮查找出待召回的周转箱信息，如图 3-2 所示。

图 3-2　查询周转箱信息

在查询出的周转箱信息列表中选取待召回的周转箱，点击"召回"按钮即可召回选中的周转箱，如图 3-3 所示。

图 3-3　召回周转箱

三、召回周转箱入库

打开【资产管理】主菜单项，单击子菜单项"库房管理"，在左侧展开的"入库管理"列表中可以看到"召回周转箱入库"选项，单击打开【召回周转箱入库】界面。

在界面上方的"管理单位"和"开始箱条码"栏中选取和录入相应的查询条件，按"回车"键即可查找出召回的周转箱信息，此时周转箱的状态为"召回"，填入库房信息，依次点击"确认储位""入库"，召回的周转箱完成入库操作，如图 3-4 所示。

四、设备出入箱

打开【资产管理】主菜单项，单击子菜单项"库房管理"，在左侧展开的"功能"列表中可以看到"设备出入箱"选项，单击打开【设备出入箱】界面。

在左侧录入"箱条形码"后，按"回车"键，则会显示该周转箱内存放设备的信息，如图 3-5 所示。

在"箱内设备"页面选择"入箱"或"出箱"，并录入相应的设备查询信息，按"回车"键后，选择需要出入箱的设备，点击"出箱"或"入箱"，即可完成该设备的出入箱操作，如图 3-6 所示。

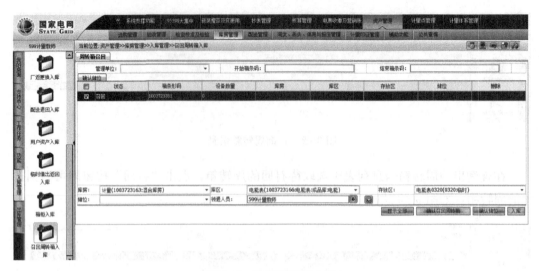

图 3-4　召回周转箱入库

图 3-5　查询周转箱内存放设备信息

五、移表位

打开【资产管理】主菜单项，单击子菜单项"库房管理"，在左侧展开的"功能"列表中可以看到"移表位"选项，单击打开【移表位】界面。

在"待移表设备"查询界面，根据实际情况录入或选取参数信息，数据输入完成并检查其正确性后，按"回车"键，即可查询出待移设备信息，如图 3-7 所示。

图 3-6　设备出箱操作

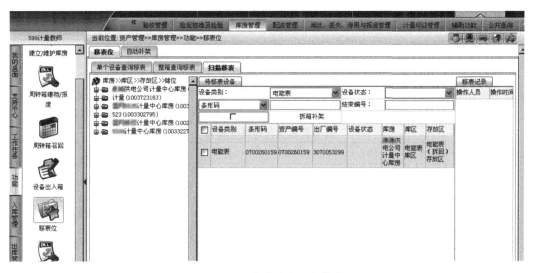

图 3-7　查询待移表设备信息

　　勾选待移表设备，在"新存放位置"中选取待移入库房信息，录入移表原因后，点击"移表位"按钮，即可将所选资产设备移入新库房，并产生移表记录，如图 3-8所示。

图 3-8   移表位操作成功

任务评价

结合实训过程考核，编制任务实施情况的评价标准进行任务实施结果评定，本任务的任务实施情况的评价标准见表 3-1。

表 3-1   任务实施情况的评价标准

序号	内容	注意事项	分值
1	周转箱建档与报废：资产管理≫库房管理≫功能≫周转箱建档/报废	输入条码后查询，可对选中的周转箱进行参数修改和存放位置的修改；操作点击"报废"则将该周转箱的状态置为"报废"	20
2	周转箱召回：资产管理≫库房管理≫功能≫周转箱召回	周转箱回收利用走"召回"流程需注意周转箱为空箱状态	20
3	设备出入箱：资产管理≫库房管理≫功能≫设备出入箱	注意"出箱"或"入箱"针对选中的周转箱进行操作	25
4	周转箱相关综合操作和问题处理	掌握周转箱的建档、修改、报废、召回的具体操作方法	25
5	恢复工位	规整工位，关闭计算机和电源，养成良好的工作习惯	10

序号	发现问题	注意事项	改进措施	备注
1				
2				
教师			评价结果	

任务扩展

DL/T 448—2016《电能计量装置技术管理规程》中关于库房管理的规定如下。

6.4.2　库房管理

a) 电能计量器具应区分不同状态（待验收、待检、待装、淘汰等）分区放置，并应有明确的分区线和标志。

b) 待装电能计量器具还应分类、分型号、分规格放置。

c) 待装电能表应放置在专用的架子或周转车上，不得叠放，取用应方便。

d) 电能表、互感器的库房应保持干燥、整洁、空气中不能含有腐蚀性的气体。库房内不得存放电能计量器具以外的其他任何物品。

e) 电能计量器具出、入库应及时进行计算机登记，做到库存电能计量器具与计算机档案相符。

f) 库房应有专人负责管理，应建立严格的库房管理制度。

任务二　设备分拣与出入库

任务目标

熟悉设备分拣和出入库的基本概念，能够在营销业务应用系统中完成设备分拣、领出未装入库以及设备建档入库操作。

任务描述

本任务主要是在营销业务应用系统中完成设备分拣与出入库操作，包括设备分拣、领出未装入库以及设备建档入库。

知识准备

设备分拣：对于所有现场运行拆回的表计，执行完拆回设备入库以后，表计的状态为"待分流"。这批表计，有的可能已经不能再使用，后续应走报废流程；有的经过检定，确定还可以继续使用，则后续流程就是通过检定使其状态变为合格在库，再度投入使用。因此，设备分拣就是将"待分流"状态的拆回表计，重新选择"待报废""待校验"等状态，以便发起该批表计的后续流程。实际功能就是查询出待分流资产，然后选择新的存放位置及新的设备状态，然后分拣使其生效。

入库管理：对设备入库工作进行管理，根据入库设备状态将设备存放置在对应储位上，并对入库设备进行核验和登记。

出库管理：对设备出库工作进行管理，根据产生或接收的工作单，对电能表、互感器、失压仪、采集终端等需要对应到户的设备进行配（备）表，对出库设备进行核验登记和发放。

📋 工具准备

工具为信息化设备，具体的准备要求见表 1-1。

🌐 材料准备

材料要求：作业指导书、单元教学设计、安全交底签字表，具体见表 1-2。

📹 人员准备

工作人员的身体、精神状态良好，工作人员的资格包括作业技能、安全资质和特殊工种资质等，具体要求见表 1-3。

🌐 场地准备

营销业务应用系统实训场地的危险点与预防控制措施，见表 1-4。

📒 任务实施

一、设备分拣

打开【资产管理】主菜单项，单击子菜单项"库房管理"，在左侧展开的"功能"列表中可以看到"设备分拣"选项，单击打开【设备分拣】界面。

在左侧【查询分拣】子界面，根据需要分拣设备的"设备类型""状态""型号""条形码""厂家"等信息，查询出待分拣的设备信息，如图 3-9 所示。

选中待分拣的设备，并选取新存放位置及设备新状态，确认无误后，点击"分拣"按钮，完成分拣操作，如图 3-10 所示。

二、领出未装入库

打开【资产管理】主菜单项，单击子菜单项"库房管理"，在左侧展开的"入库管理"列表中可以看到"领出未装入库"选项,单击打开【领出未装入库】界面。

图 3-9 查询待分拣设备信息

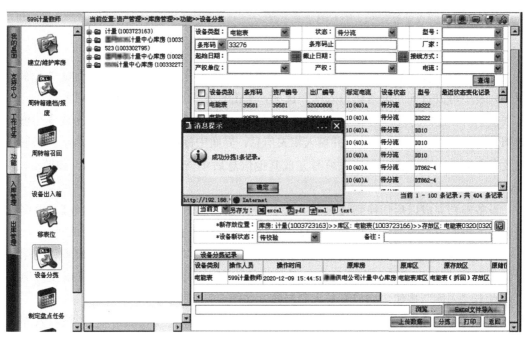

图 3-10 执行设备分拣

在左侧输入用户申请编号,点击"查询",选择需要入库的设备,然后再选择相应的库房和储位以及领退人员、设备状态,单击"入库"按钮完成领出未装入库操作,如图 3-11 所示。

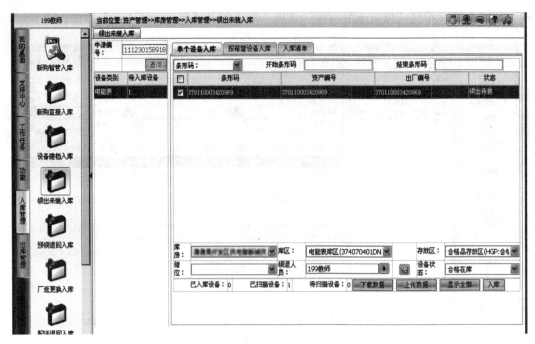

图 3-11 领出未装入库

三、设备建档入库

打开【资产管理】主菜单项，单击子菜单项"库房管理"，在左侧展开的"入库管理"列表中可以看到"设备建档入库"选项，单击打开【设备建档入库】界面。

根据需要建档的设备类型选择相应的建档子界面，如【电能表建档】界面或【互感器建档】界面，进入具体的参数页并填入相关信息，界面中标有 * 的参数为必填项，条形码以及资产编号为系统自动生成，填写完成其他信息后单击圈按钮即可生成，如图 3-12所示。

设备建档完成以后切换到【设备入库】子界面，点击【查询出入库任务】，根据建档设备的条码或编号或者其他相关信息，进行出入口任务查询，如图 3-13 所示。

查询到建档设备以后选择设备入库方式，可以选择"单个设备入库"或者"按箱筐设备入库"，选择完成后选中设备并选择相应的库房、库区、存放区、储位以及领退人员，点击"入库"按钮，完成设备入库操作，如图 3-14 所示。

设备入库完成以后，为了确认入库的正确性，可以点击【入库清单】，核对入库设备的数量、条形码、资产编号、出厂编号等信息，如图 3-15 所示。

⬛ 任务评价

结合实训过程考核，编制任务实施情况的评价标准进行任务实施结果评定，本任务的任务实施情况的评价标准见表 3-2。

图 3-12　设备建档

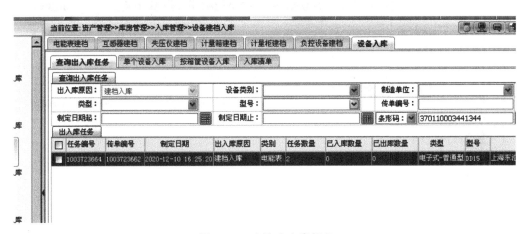

图 3-13　查询出入库任务

任务扩展

入库管理是对设备入库工作进行的管理，根据入库设备状态将设备存储放置在对应的储位上，并对入库设备进行核验和登记。设备入库包括新购暂管入库、新购验收入库、新购直接入库、检定/检测返回入库、拆回入库、配送入库、预领退回入库、领出未装入库、厂返更换入库、用户资产移交入库、盘盈资产入库和配送退回入库。

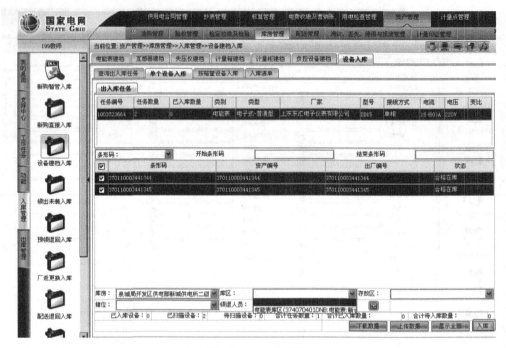

图 3-14　入库操作

图 3-15　入库清单

表 3-2　　　　　　　　　　　　任务实施情况的评价标准

序号	内容	注意事项	分值
1	界面登录：打开 IE 浏览器，在地址栏里输入网址 http://192.168.9.12:8001/web/或者 http://192.168.9.68:8001/web/登录应用服务器，完成各角色工号登录	不得修改密码和其他用户信息，以 5××登录某计量中心，1××登录某公司二级库房。选择库房管理部分业务进行操作	20
2	设备分拣：点击资产管理≫库房管理≫功能≫设备分拣	选取合适的"待分流""状态""设备类型""型号""条形码""厂家""电流"等条件，查询出待分拣的设备信息	30

续表

序号	内容	注意事项	分值
3	设备入库：资产管理≫库房管理≫入库管理。可选择"领出未装入库"或"设备建档入库"等等进行实训操作	不同的入库方式和业务有关，注意入库的方式选择；为方便教学可按"装箱筐"方式操作。注意查询出入库任务的查询	40
4	恢复工位	规整工位，关闭计算机和电源，养成良好的工作习惯	10

序号	发现问题	注意事项	改进措施	备注
1				
2				

教师		评价结果	

出库管理是对设备出库工作进行的管理，根据产生或接收的工作单，对电能表、互感器、失压仪、采集终端等需要对应到户的设备进行配（备）表，对出库设备进行核验登记和发放。设备出库包括新购暂管出库，待检定/校准出库、新装出库、更换用出库、预领待装出库、配送出库、临时借表出库、报废出库、退厂出库和其他领用出库。营销业务应用系统能够按照时间、设备类型、用途等分类统计出库情况。

操作实例：

低压电流互感器的设备建档入库操作。

型号参数 LMZ1-0.5；匝数 1；准确度等级 0.5S 级；功率因数 0.8（L）；额定电压 0.5 千伏；二次负荷 20；其他信息自填。

要求：新建 3 只互感器，参数如上所述；新建 1 只周转箱，型号为 Z××（××为座位号），容量为 8；将新建的互感器入库，状态为合格在库（假设已检定合格），入库方式为"按箱筐设备入库"。

配送管理操作

【情境描述】

本情境包含三项任务，分别是在营销业务应用系统中创建配送申请、制定配送月计划和配送任务完成。核心知识点包括配送管理业务的概念、内容以及管理过程。关键技能项包括营销业务应用系统中创建配送申请、制定配送月计划和配送任务完成的操作项目。

【情境目标】

1. 知识目标

熟悉配送管理业务的概念、内容以及管理过程。

2. 能力目标

能够完成营销业务应用系统中的创建配送申请、制定配送月计划和配送任务完成等流程。

3. 素质目标

树立细心、耐心的岗位态度，培养工匠精神、团队精神、服务意识，增强人民电业为人民的宗旨意识。

任务一 创建配送申请

任务目标

熟悉配送管理业务的基本概念，掌握创建配送申请业务的流程步骤，能够在营销业务应用系统中完成创建配送申请流程。

任务描述

本任务是根据供电单位自身的用表需求及相应的库存情况，在营销业务应用系统中创建配送申请流程并完成流程的审批操作。

📖 知识准备

配送管理业务是对设备的配送需求生成、配送计划制定、配送执行工作进行管理。主要适用于电能表、互感器、采集终端等设备的配送。

由图4-1可知配送业务项包括配送需求、配送计划、配送执行等三个业务子项。

配送实训模拟情境为××供电所向其上级计量中心申请电能表（××供电所的模拟系统实训工号为1××，××计量中心的模拟系统实训工号为5××）。在申请过程中，由设备使用单位根据用表需求和库存情况制定配送申请，并将配送申请提交到上级单位，配送申请内容包括设备类别、类型、型号、规格、数量、设备状态、配送类型（新设备配送、设备返回配送）、配送时间、申请单位、配送地点等，配送申请流程的各个环节说明见表4-1。

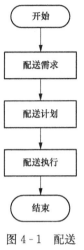

图4-1　配送业务项流程

表4-1　　　　　　　　　　　配送申请说明

序号	流程环节	工号	流程说明、注意事项及操作技巧
1	配送申请	1××	结合本情境任务，首先确定配送申请的需求单位和配送单位，"配送单位"须选择上级单位（待配送资产所在单位），"需求单位"须选择下级单位（需求申请单位），并保存（记录申请编号）；然后再增加相应的申请明细信息，确定需求设备类别、要求配送日期、数量及技术参数等。 注意：因本系统不是为培训教学专门开发，故在此每位学生需对各自的需求数量或要求配送日期作一个甄别（如5号机填入10月5号，35号机填入11月5号；或数量结合日期甄别，如42号机可选配送数量为3，日期为×月12号），以便制作配送月计划时能选到自己的申请
2	配送审核	1××	查询自己的工单号，模拟审核人员，保存后再发送
3	配送申请审批	5××	根据配送申请时确定的配送单位，本流程会发送到相应的配送单位（××计量中心），由相应的人员进行处理

📄 工具准备

工具为信息化设备，具体的准备要求见表1-1。

📑 材料准备

材料要求：作业指导书、单元教学设计、安全交底签字表，具体见表1-2。

🎬 人员准备

工作人员的身体、精神状态良好，工作人员的资格包括作业技能、安全资质和特殊工种资质等，具体要求见表1-3。

场地准备

营销业务应用系统实训场地的危险点与预防控制措施，见表1-4。

任务实施

针对××供电所的电能表需求，创建配送申请，并将其发送到上级单位××计量中心进行审批，配送申请流程的流程图如图4-2所示。

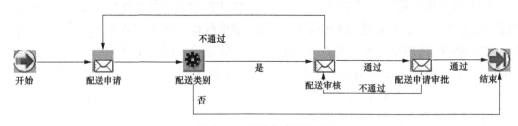

图4-2 配送申请流程图

一、配送申请

打开【资产管理】主菜单项，单击子菜单项"配送管理"，在左侧展开的"功能"列表中可以看到"配送申请"选项，单击打开【配送申请】界面。

选取"配送类别"为"新设备配送"，选取合适的"需求类型"，"配送单位"应选择待配送资产所在单位（一般为上级单位），确认录入信息无误后，点击"保存"按钮，则保存本次配送申请信息，如图4-3所示。

图4-3 配送申请

在【申请明细】子页中，选取合适的"需求单位"（发起申请单位）、"接货单位"（发起申请单位）及"设备类别""要求配送日期""轮换数量""改造需求数""业务短期需求数量"等信息，确认无误后，点击"保存"按钮，即保存了该次申请明细信息；

点击"技术参数"后的按钮，弹出【扩展信息】窗口，可根据需要录入本次申请的资产设备的具体参数要求，录入完毕确认无误后，点击"保存"按钮，即可将该要求信息保存入明细信息中，如图4-4所示。

图4-4　申请信息

核对"申请明细"中申请信息及设备参数扩展信息无误后，点击"发送"按钮，流程将发送至"审核"环节。

二、配送审核

在【待办工作单】中通过工单号查询该工单，双击工作单或者选中后单击"处理"按钮进入【配送审核】界面，核对信息无误后，选取"审核意见"，录入"审核备注"，点击"保存"按钮，如图4-5所示，然后点击"发送"按钮，流程将发送至"配送申请审批"环节。

图4-5　配送审核

三、配送申请审批

更换工号，使用5××登录营销业务应用系统，在【待办工作单】中通过工单号查询该工单，双击工作单或者选中后单击"处理"按钮，进入【配送申请审批】界面，核对信息无误后，选取"审核意见"，录入"审核备注"，点击"保存"按钮，配送申请审批完后，点击"发送"按钮，则由下级发起的配送申请流程结束，如图4-6所示。

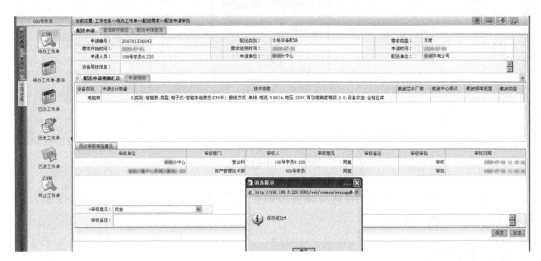

图4-6　配送申请审批

任务评价

结合实训过程考核，编制任务实施情况的评价标准进行任务实施结果评定，本任务的任务实施情况的评价标准见表4-2。

表4-2　　　　　　　　　　　　　任务实施情况的评价标准

序号	内容	注意事项	分值
1	界面登录：打开IE浏览器，在地址栏里输入网址 http://192.168.9.12:8001/web/ 或者 http://192.168.9.68:8001/web/登录应用服务器，完成各角色工号登录	不得修改密码和其他用户信息，以5××登录某计量中心，以1××登录某客户服务中心	20
2	菜单模块入口操作：资产管理≫配送管理	分模块点击了解和查看配送需求、配送计划、配送执行操作内容	10
3	配送申请：资产管理≫配送管理≫功能≫配送申请	注意确定配送申请的需求单位和配送单位的选择。在"申请明细"中，选取合适的信息。注意配送审核与配送申请审批的角色的不同	20
4	配送申请：发起工单记录申请编号并操作完成三个环节	根据各单位库存情况，确定申请数量，熟练配送申请的操作，掌握配送申请中角色关系和流程实现的方法	40

序号	内容		注意事项	分值
5	恢复工位		规整工位，关闭计算机和电源，养成良好的工作习惯	10
序号	发现问题	注意事项	改进措施	备注
1				
2				
教师			评价结果	

任务扩展

资产管理的重点内容是设备有关价值运行情况，主要涉及设备在购买、使用、拆换、维修及报废等各个环节的资产寿命等相关概念。资产管理的立足点是整个企业经营中的经济效益，其管理宗旨是减少企业经营成本、提升经济效益，其管理呈现的主要是资产价值运行情况。

设备全生命周期费用主要包括设备从设计、规划、购买、安装、使用、拆换、维修以及报废等所有过程中产生的费用综合。

操作实例：

结合本次任务，练习向上级单位申请配送普通型 10 千伏用电流互感器，互感器的变比为 100/5，数量为 5 只，发起配送申请并完成审批。

任务二　制定配送月计划

任务目标

熟悉制定配送月计划的注意事项和流程步骤，能够在营销业务应用系统中完成配送月计划的制定。

任务描述

本任务是根据收到的配送申请，在营销业务应用系统中完成配送月计划的制定操作。

知识准备

配送计划包括配送月计划和配送周计划，两个任务的流程及操作页面基本一致，本书以配送月计划为例。由图 4-1 可知本任务是配送业务的配送计划业务子项。配送月计划流程由省计量中心配送单位工作人员发起并审批，具体流程环节如图 4-7 所示，配送月计划制定流程的各个环节说明见表4-3。

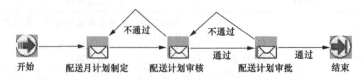

图4-7 制定配送月计划流程图

表4-3 月计划制定说明

序号	流程环节	工号	流程说明、注意事项及操作技巧
1	配送月计划制定	5××	首先保存配送月计划，然后再点击配送月计划明细中的"从申请获取明细"按钮，在弹出窗口中根据申请数量和到货日期找到各自的配送申请，选择后点击确定将其加入月计划明细中。再填入配送人员及车辆等信息即可发送
2	配送计划审核	5××	查询自己的工单号，模拟审核人员进行审核，保存后再发送
3	配送计划审批	5××	模拟审批人员：填入审批意见，保存后再发送

工具准备

工具为信息化设备，具体的准备要求见表1-1。

材料准备

材料要求：作业指导书、单元教学设计、安全交底签字表，具体见表1-2。

人员准备

工作人员的身体、精神状态良好，工作人员的资格包括作业技能、安全资质和特殊工种资质等，具体要求见表1-3。

场地准备

营销业务应用系统实训场地的危险点与预防控制措施，见表1-4。

任务实施

××计量中心根据任务一收到的配送申请，制定相应的配送月计划配送流程，并进行审批。

一、配送月计划制定

打开【资产管理】主菜单项，单击子菜单项"配送管理"，在左侧展开的"功能"列表中可以看到"制定配送月计划"选项，单击打开【制定配送月计划】界面。

点击"从申请获取明细"按钮，弹出【配送申请】查询窗口，选取合适的"配送申请单位""配送类别"及"需求月份"后查询,即可查询出由下级发起的配送申请信息,如图4-8所示。月计划也可以自行选择参数信息添加。

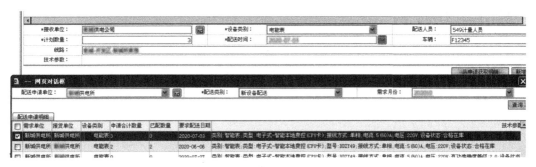

图4-8　配送月计划明细

在【配送月计划明细】子选项卡中,选取合适的"接收单位""配送人员""设备类别""计划数量""配送时间"及"计划数量"等信息,点击"技术参数"后的 图 按钮,弹出【扩展信息】窗口,可根据需要录入本次配送计划的资产设备的具体参数要求,录入完毕确认无误后,点击"保存"按钮,即可将该要求信息保存入明细信息中如图4-9所示,点击"发送"按钮,流程将发送至"配送计划审核"环节。

图4-9　配送月计划制定

二、配送计划审核

在【待办工作单】中通过工单号查询该工单,双击工作单或者选中后单击"处理"按钮进入【配送计划审核】界面,核对信息无误后,选取"审核意见",录入"审核备注",点击"保存"按钮,如图4-10所示,然后点击"发送"按钮,流程将发送至"配送计划审批"环节。

三、配送计划审批

在【待办工作单】中通过工单号查询该工单,双击工作单或者选中后单击"处理"

按钮，进入【配送申请审批】界面，核对信息无误后，选取"审核意见"，录入"审核备注"，点击"保存"按钮，配送申请审批完后，点击"发送"按钮，则制定配送月计划流程结束，如图 4-11 所示。

图 4-10 配送计划审核

图 4-11 配送计划审批

🌀 任务评价

结合实训过程考核，编制任务实施情况的评价标准进行任务实施结果评定，本任务的任务实施情况的评价标准见表 4-4。

表 4-4 任务实施情况的评价标准

序号	内容	注意事项	分值
1	界面登录：打开 IE 浏览器，在地址栏里输入网址 http://192.168.9.12:8001/web/ 或者 http://192.168.9.68:8001/web/登录应用服务器，完成各角色工号登录	不得修改密码和其他用户信息，以 5×× 登录某计量中心，以 1×× 登录某客户服务中心	20
2	菜单模块入口操作：资产管理 ≫ 配送管理	分模块点击了解和查看配送需求、配送计划、配送执行操作内容	10

续表

序号	内容	注意事项	分值
3	配送计划：资产管理≫配送管理≫功能≫制定配送月计划	注意此操作应由申请中的配送单位工作人员执行。计划应从申请获取明细	20
4	配送计划完成，按月制定计划发起工单，并完成流程中三个环节	掌握从申请中获取配送明细的方法。因教学特殊性，以具体要求配送时间区分各自任务	40
5	恢复工位	规整工位，关闭计算机和电源，养成良好的工作习惯	10

序号	发现问题	注意事项	改进措施	备注
1				
2				

教师		评价结果	

🎓 任务扩展

按照国家电网有限公司省级计量中心的建设目标，全面优化配置现有的计量资源、改进组织模式、明晰职责界面、提升技术实力、完备质量体系、改善授权环境，建设网省公司直接管理的计量中心。管理地域较大的网省公司可依据地域分布设立若干区域中心，纳入省级计量中心一体化管理。

省级计量中心作为网省公司最高计量技术机构，业务上接受网省公司营销部的业务管理和国家电网计量中心的技术监督与指导。省级计量中心建成后，地市供电公司计量中心不再承担计量设备实验室检定工作，负责接收、管理省级计量中心配送的计量设备，承担管辖范围内计量设备的现场检测、安装、拆换和故障处理工作。

操作实例：

结合本次任务，根据任务一申请的需要，完成设备的配送月计划制定。申请配送的设备为普通型 10 千伏用电流互感器，互感器的变比为 100/5，数量为 5 只。

任务三　配 送 任 务 完 成

⌨ 任务目标

熟悉设备配送执行的过程，能够在营销业务应用系统中完成设备配送执行的流程操作。

💬🖥 任务描述

本任务是在营销业务应用系统中完成配送执行操作，包括配送任务、配送出库、配送入库等环节操作。

📖 知识准备

配送执行是对设备配送执行过程进行的管理，环节主要包括根据配送计划生成配送单从库房领出待配送设备、将设备配送到接收单位、接收单位接收设备并签收配送单。由图4-1可知本任务是配送业务的配送任务子项。配送执行由省计量中心配送单位工作人员以及设备接收单位工作人员共同完成，具体流程环节如图4-12所示，配送入库流程的各个环节说明见表4-5。

图4-12　配送执行流程图

表4-5　　　　　　　　　　　配 送 入 库 说 明

序号	流程环节	工号	流程说明、注意事项及操作技巧
1	配送任务	5××	在配送计划明细中，根据配送人员选择各自的配送计划（可根据配送日期和车辆线路等其他信息区别），点击【生成并发送任务】，发起配送执行的流程。 备注：注意记录跳出窗口的工单编号，便于操作
2	配送出库	5××	在"配送出库"的业务界面点击【显示全部】，系统会根据配送表计的技术参数从表库中选择符合条件的电能表按箱筐出库方式，勾选相应表计出库即可。 备注：因自动选择表计在多人同时操作时可能会出现出库相同表计的问题。所以，出库操作需要按箱筐或条码查询方式进行
3	配送入库	1××	注意登录工号，根据配送申请的需求单位，本流程会发送到相应的需求单位，由相应的人员进行电能表入库处理，入库后应从入库清单中查询入库情况，并"发送"工单"发送"后流程结束

📄 工具准备

工具为信息化设备，具体的准备要求见表1-1。

🌐 材料准备

材料要求：作业指导书、单元教学设计、安全交底签字表，具体见表1-2。

👥 人员准备

工作人员的身体、精神状态良好，工作人员的资格包括作业技能、安全资质和特殊工种资质等，具体要求见表1-3。

🔧 场地准备

营销业务应用系统实训场地的危险点与预防控制措施，见表1-4。

📖 任务实施

本任务模拟××计量中心执行相应的配送月计划，即按照月计划将××供电所需要的电能表按照相关要求进行配送。

一、配送任务

打开【资产管理】主菜单项，单击子菜单项"配送管理"，在左侧展开的"功能"列表中可以看到"制定配送月计划"选项，单击打开【制定配送月计划】界面。

点击"从月计划获取明细"，选择出制定的月计划，输入配送相关信息。点击"生成并发送任务"，如图 4-13 所示。

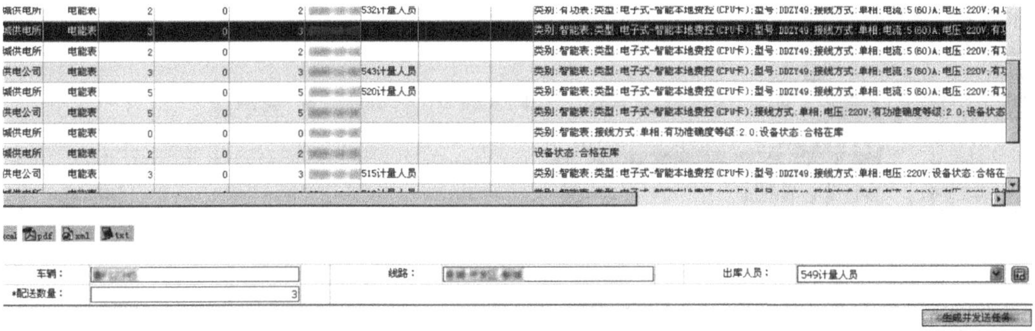

图 4-13 月计划生成配送任务

二、配送出库

在【待办工作单】中找到生成的工作单，点击处理进入【配送出库】界面，点击"显示全部"按钮，可查找出符合配送任务条件的待配送资产设备，为了学生操作和教学方便，出库操作需要采用按箱筐或条码查询方式选择待配送的资产，具体箱筐的相关操作参照库房管理情境。填入车辆、线路出库人员以及数量后进行生成并发送任务操作，注意选择自己的任务。

选择"箱筐出库"，过滤超期设备上选择全部，输入待出箱条形码回车后，点击"出库"按钮然后点击"发送"按钮，如图 4-14 所示。

三、配送入库

由 1××工号登录，配送入库操作由××供电所人员进行，在【待办工作单】中找到相应的工作单，点击处理进入【配送入库】界面，选择按箱筐设备入库，输入箱筐条码查询后，点击"显示全部"按钮，则显示配送下来的资产设备明细信息，选中需要的资产设备。

选取合适的库房信息及领退人员后，点击"确认储位"按钮，然后点击"入库"按钮，则将该批配送设备成功置入接收单位库房，如图 4-15 及图 4-16 所示。

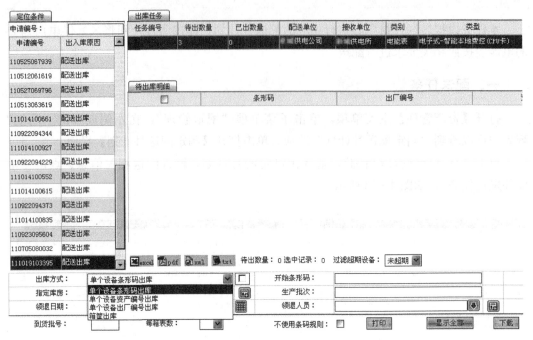

图 4-14　配送出库

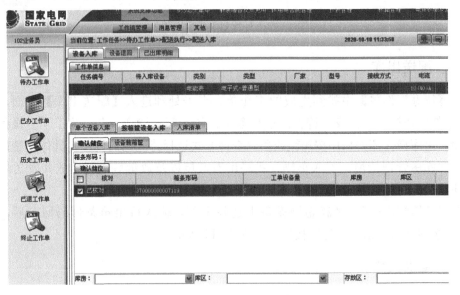

图 4-15　选中待入库设备

图 4-16　确定储位

切换到【入库清单】子选项卡，可以查看已入库的资产设备明细信息，确认无误后，点击"发送"按钮，则完成本次入库操作，如图4-17所示。

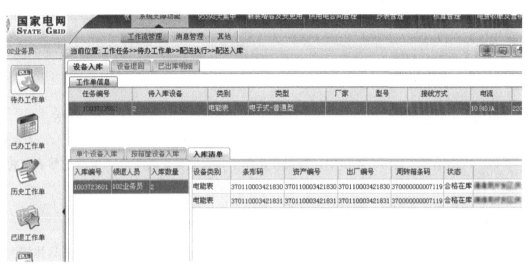

图4-17　入库清单

任务评价

结合实训过程考核，编制任务实施情况的评价标准进行任务实施结果评定，本任务的任务实施情况的评价标准见表4-6。

表4-6　　　　　　　　　　　　任务实施情况的评价标准

序号	内容	注意事项	分值
1	界面登录：打开IE浏览器，在地址栏里输入网址 http://192.168.9.12:8001/web/ 或者 http://192.168.9.68:8001/web/登录应用服务器，完成各角色工号登录	不得修改密码和其他用户信息，以5××登录某计量中心，以1××登录某客户服务中心	20
2	配送任务：资产管理≫配送管理≫功能≫月计划制定配送任务。 发起工单，在待办工单中操作完成三个环节	注意从月计划获取明细中，选择出自己制定的月计划。注意在"配送出库"的业务界面选择符合条件的资产按箱篓出库方式出库	30
3	配送的资产核对：资产管理≫公共查询≫功能≫查询计量资产。 输入配送的计量设备的条码查询配送任务完成情况	注意也可在"资产管理≫公共查询≫功能≫配送查询"下查询配送情况	20
4	工单查询：工作任务≫历史工单	针对操作，查询配送的历史任务	20
5	恢复工位	规整工位，关闭计算机和电源，养成良好的工作习惯	10

续表

序号	发现问题	注意事项	改进措施	备注
1				
2				
教师		评价结果		

任务扩展

当出库出现错误时，出现查找设备不能出库的错误提示，常见错误原因如下：

（1）检查待出库资产是否与出库任务中的规格信息一致。

（2）待出库资产是否在库房中，是否在仓库中具有储位。若不在，可通过移表位将该资产移入库房。

（3）周转箱是否为空，数量是否一致，是否在库房内。

（4）表计参数是否完全一致，查询参数是否对应。

通过"库房管理"或者"公共查询"对表计参数进行查询并核对后，根据具体情况解决相关问题。

为了验证配送资产的准确性，可以打开【资产管理】中的【查询计量资产】界面，输入配送的表计条码查询表计的相关信息来确认配送任务完成情况，如图4-18所示。也可通过【资产管理】中的【配送查询】来查询配送情况。

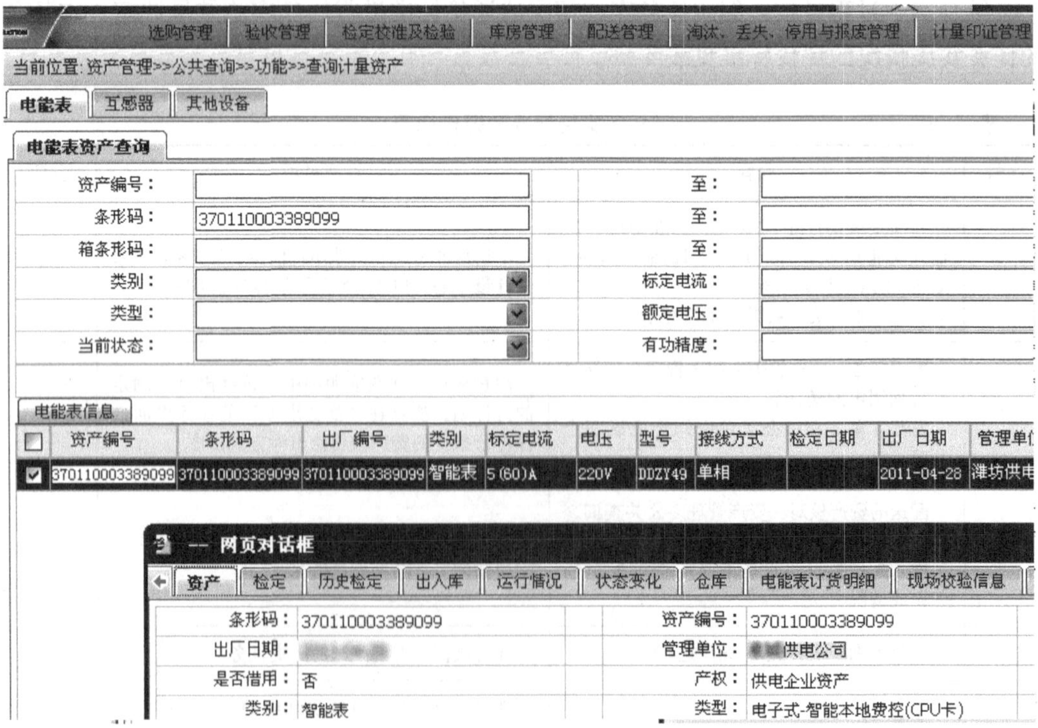

图4-18 资产查询

操作实例：

××开发区××供电所××××年××月，所在区域由于新建居民小区将要批量配置智能电能表，需一定数量费控智能电能表：型号 DDZY 开头，5（60）A，220V，预付费，CPU 型卡表。该所向××计量中心发出需求申请，经过审批后，上级单位根据其需求制定本月配送计划，从计量中心库房选出符合要求的设备，并配送智能电能表到××供电所，核对验收设备并完成设备入库。

要求：××计量中心以5××工号登录操作，××供电所以1××工号登录，选合格在库自建表计 3 只，采用箱筐操作，完成创建配送申请、制定配送月计划和配送任务完成 3 个环节的工单操作，并结合库房管理知识通过周转箱召回流程，结合条码操作最后将箱筐由供电所召回到计量中心。

分布式电源项目新装

【情境描述】

本情境包含四项任务，分别是在营销业务应用系统中实现分布式电源项目新装的业务受理，现场勘查，审批审查，签订合同、并网及存档。核心知识点包括分布式电源项目新装的业务流程和接入方案的编制。关键技能项包括营销业务应用系统中分布式电源项目新装流程的操作项目。

【情境目标】

1. 知识目标

熟悉分布式电源项目新装业务的接入方案相关知识，掌握分布式电源项目新装业务的流程步骤。

2. 能力目标

能够完成分布式电源项目新装接入方案的编制，能够完成营销业务应用系统中分布式电源项目的新装流程。

3. 素质目标

树立细心、耐心的岗位态度，培养工匠精神、团队精神、服务意识，增强人民电业为人民的宗旨意识。

任务一　业　务　受　理

任务目标

了解分布式电源项目新装业务受理的相关知识，掌握分布式电源项目新装业务受理流程中涉及的业务知识，能够在营销业务应用系统中进行分布式电源项目新装流程的业务受理操作。

任务描述

本任务是在营销业务应用系统中完成分布式电源项目新装的业务受理，主要包括发电申请信息、客户自然信息、关联用户信息等信息的正确填写。

知识准备

分布式电源是指在用户所在场地或附近建设安装、运行方式以用户侧自发自用为主、多余电量上网，且在配电网系统平衡调节为特征的发电设施或有电力输出的能量综合梯级利用多联供设施。包括太阳能、天然气、生物质能、风能、地热能、海洋能、资源综合利用发电（含煤矿瓦斯发电）等。具体包括以下两种类型分布式电源（不含小水电）：

第一类：10 千伏及以下电压等级接入，且单个并网点总装机容量不超过 6 兆瓦的分布式电源。

第二类：35 千伏电压等级接入，年自发自用电量大于 50％的分布式电源；或 10 千伏电压等级接入且单个并网点总装机容量超过 6 兆瓦，年自发自用电量大于 50％的分布式电源。

接入点为公共连接点、发电量全部上网的发电项目，小水电，除第一、二类以外的分布式电源项目，本着简便高效原则做好并网服务，执行常规电源相关管理规定。

分布式电源电量消纳方式包括全部自用、全额上网、自发自用余电上网。

图 5 - 1 为 10(6) 千伏分布式电源项目新装流程，由图可知 10(6) 千伏分布式电源项目新装业务包括业务受理、勘查派工、现场勘查、答复接入方案、接入方案确认、受理设计审查申请、组织设计审查、答复审查意见、受理并网申请、签订合同、安装计量装置、组织并网验收与调试、组织并网、信息归档、资料归档等流程环节。

工具准备

工具为信息化设备，具体的准备要求见表 1 - 1。

材料准备

材料要求：作业指导书、单元教学设计、安全交底签字表，具体见表 1 - 2。

人员准备

工作人员的身体、精神状态良好，工作人员的资格包括作业技能、安全资质和特殊工种资质等，具体要求见表 1 - 3。

场地准备

营销业务应用系统实训场地的危险点与预防控制措施，见表 1 - 4。

任务实施

本任务模拟××供电所接到某自然人的分布式电源新装业务申请，接收该申请并审

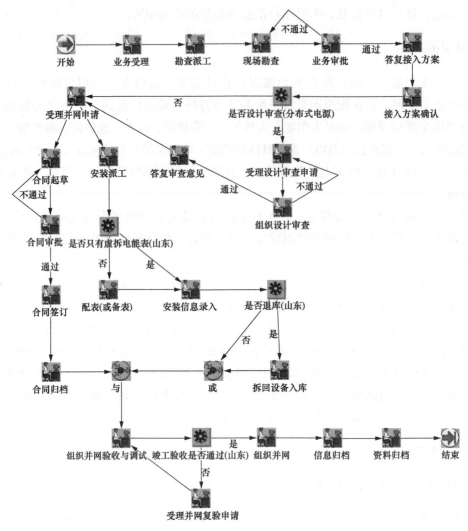

图 5-1　10(6)千伏分布式电源项目新装流程图

查客户所提交资料，了解客户同一自然人或同一法人主体的其他发电项目地址的发电情况及客户前期咨询、服务历史信息，接受客户的报装申请并在营销业务应用系统中完成业务受理环节。

打开【新装增容及变更用电】主菜单项，单击子菜单项"业务受理"，在左侧展开的"功能"列表中可以看到"业务受理"选项，单击打开【业务受理】界面。

1. 发电申请信息录入

进入【发电申请信息】界面，业务类型选择"10(6) 千伏分布式电源项目新装"，根据实际情况，补充发电客户申请信息，包括业务类型、申请方式、发电客户名称、发电地址、项目名称、申请容量、核准要求、行业分类、并网电压、发电客户类型、发电方式、发电量消纳方式、申请并网日期等。信息选择或输入完成后，检查其正确性，单击"保存"按钮保存该工单，自动生成"客户编号""发电客户编号"和"申请编号"，如图 5-2 所示。

图 5-2 发电申请信息

2. 客户自然信息录入

单击【客户自然信息】界面，可以增加客户自然信息或者选择与发电客户关联的客户自然信息，如图 5-3 所示。

图 5-3 客户自然信息

如发电客户发电量消纳方式为全部自用或自发自用余电上网时，关联用户指的是消纳发电客户自发自用电量对应的用电客户。

若发电客户发电量消纳方式为全额上网，且接入方式为接入用户内部时，关联用户指的是消纳发电客户全额上网电量的用电客户。

若发电客户发电量消纳方式为全额上网，且接入方式为接入公共电网时，不需要关联用电客户。

3. 关联用户信息录入

单击【关联用户信息】界面，可以选择与发电客户关联的用户信息，如图5-4所示。

图5-4 关联用户信息

4. 联系信息录入

单击【联系信息】界面，填写"联系信息"，根据实际情况选择"联系类型"，填写"联系人"姓名、性别、办公电话等信息，如图5-5所示。

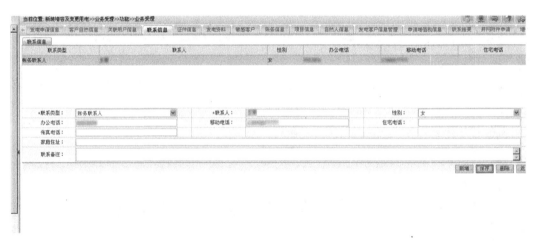

图5-5 联系信息

5. 证件信息录入

单击【证件信息】界面，填写"证件信息"，包括"证件类型""证件名称""证件号码"等信息，如图5-6所示。

6. 发电资料录入

单击【发电资料】界面，填写"发电资料"。按照实际录入资料情况，选择"资料名称""资料类别""份数""资料是否合格"。填写接收人后点击"保存"按钮，自动生成接收时间，若需要继续添加资料，点击"新增"按钮后，重复以上步骤，如图5-7所示。

图 5-6 证件信息

图 5-7 发电资料

7. 账务信息录入

单击【账务信息】界面，填写"账务信息"，点击"开户银行"查询按钮，在对话框内查询并选择相应的银行，输入"账户名称"和"开户行号"，选择"电费支付方式""票据类型"，点击"保存"，如图 5-8 所示。

8. 项目信息录入

单击【项目信息】界面，填写"项目信息"。依据现场勘查核实和收集的资料，填写项目信息，必填项包括项目批复文号、项目名称、项目金额、项目联系人、项目地址、项目投资方、联系人电话、本次投产规模、计划投产日期、核准要求、确认时间、批复时间、设计年发电量、预计年发电量、项目备案日期、项目开工建设时间、自发自用比例、发电设备投产时间、项目类型，共 19 项，按照实际情况依次输入，如图 5-9 所示。

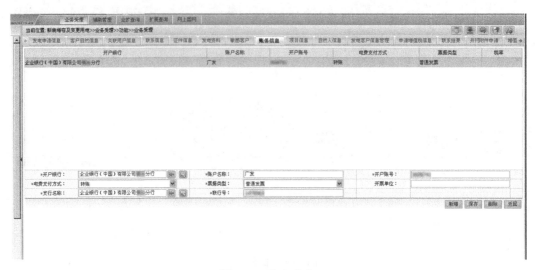

图 5-8　账务信息

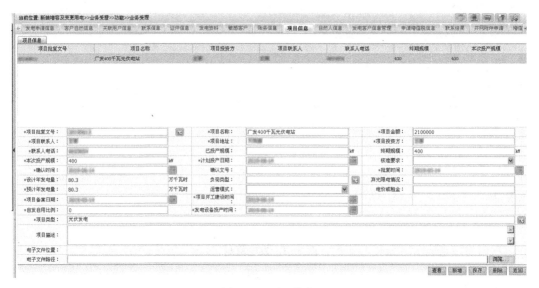

图 5-9　项目信息

若没有批复文号，可填写"待补充"。项目批复文号一般要在地方发展改革委备案并由地方经济和信息化委员会发文后获得。

9. 业务受理工单发送

单击【发电申请信息】界面，点击"保存"及"发送"按钮，生成工单号，并推送至"现场勘查"环节。

⬣ **任务评价**

结合实训过程考核，编制任务实施情况的评价标准进行任务实施结果评定，本任务的任务实施情况的评价标准见表 5-1。

表 5-1　　　　　　　　　　　　任务实施情况的评价标准

序号	内容	注意事项	分值
1	界面登录：打开 IE 浏览器，在地址栏里输入网址 http://192.168.9.12:8001/web/或者 http://192.168.9.68:8001/web/登录应用服务器，完成各角色工号登录	使用正确账号登录，不得修改密码和其他用户信息	10
2	菜单模块入口操作：新装增容及变更用电≫业务受理≫功能≫业务受理	分模块点击了解和查看模块相关功能	10
3	【发电申请信息】界面，根据实际情况，补充发电客户申请信息	注意业务类型、申请容量、行业分类、并网电压、发电客户类型、发电方式、发电量消纳方式等关键信息的正确性	30
4	【关联用户信息】界面，可以选择与发电客户关联的用户信息	关联用户信息与发电客户发电量消纳方式对应	10
5	【发电资料】界面，填写"发电资料"	发电资料录入的完整性	10
6	生成工单号，并推送至"现场勘查"环节	所有必要信息必须录入完整，否则无法发送	20
7	恢复工位	规整工位，关闭计算机和电源，养成良好的工作习惯	10

序号	发现问题	注意事项	改进措施	备注
1				
2				

教师		评价结果	

🔹 任务扩展

分布式电源指小型（容量一般小于 50 兆瓦）、向当地负荷供电、可直接连到配电网上的电源装置，包括分布式发电装置与分布式储能装置。

分布式发电（distributed generation，DG）装置根据使用技术的不同，可分为热电冷联产发电、内燃机组发电、燃气轮机发电、小型水力发电、风力发电、太阳能光伏发电、燃料电池等；根据所使用的能源类型，可分为化石能源（煤炭、石油、天然气）发电与可再生能源（风力、太阳能、潮汐、生物质、小水电等）发电两种形式。分布式储能（distributed energy storage，DES）装置是指模块化、可快速组装、接在配电网上的能量存储与转换装置，根据储能形式的不同，可分为电化学储能（如蓄电池储能装置）、电磁储能（如超导储能和超级电容器储能等）、机械储能装置（如飞轮储能和压缩空气储能等），热能储能装置等。此外，近年来发展很快的电动汽车亦可在配电网需要时向其送电，因此也是一种分布式储能装置。

长期以来，电力系统向大机组、大电网、高电压的方向发展。进入 20 世纪 80 年代，各种分散布置的、小容量的发电技术又开始引起人们的关注，经过多年的发展，分布式发电已成为一股影响电力工业未来面貌的重要力量。引起这一变化的原因主要有以下几个方面：

（1）应对全球能源危机的需要。随着国际油价的不断飙升，能源安全问题日益突出，为了实现可持续发展，人们的目光转向了可再生能源。因此，风力发电、太阳能发电等备受关注，快速发展并开始规模化商业应用，而这些可再生能源的发电大都是小型的、星罗棋布的。

（2）保护环境的需要。CO_2 排放引起的全球气候变暖问题，已引起各国政府的高度重视，并成为当今世界政治的核心议题之一。为保护环境，工业发达国家纷纷立法，扶持可再生能源发电以及其他清洁发电技术（如热电联产微型燃气轮机），有力地推动了分布式发电的发展。

（3）天然气发电技术的发展。对于天然气发电，机组容量并不明显影响机组的效率，而且天然气输送成本远远低于电力的传输，因此比较适合采用有小容量特点的分布式发电装置。

（4）避免投资风险。由于难以准确地预测远期的电力需求增长情况，为规避风险，电力公司往往不愿意投资大型的发电厂及长距离超高压输电线路。此外，高压线路走廊的选择也比较困难。这都促使电力公司选择投资小、见效快的分布式发电项目就地解决供电问题。

任务二　现　场　勘　查

任务目标

熟悉分布式电源项目新装接入方案编制的相关知识，掌握分布式电源项目新装业务现场勘查流程中涉及的业务知识，能够在营销业务应用系统中完成分布式电源项目新装流程的现场勘查环节操作。

任务描述

本任务是在营销业务应用系统中完成分布式电源项目新装的现场勘查操作，主要包括勘查方案、并网点方案、计费方案、计量点方案等信息的录入。

知识准备

一、分布式电源接入系统相关定义

（1）并网点。对于有升压站的分布式电源，并网点为分布式电源升压站高压侧母线

90

或节点；对于无升压站的分布式电源，并网点为分布式电源的输出汇总点。如图 5 - 10 所示，A1、B1、C1 点分别为分布式电源 A、B、C 的并网点。

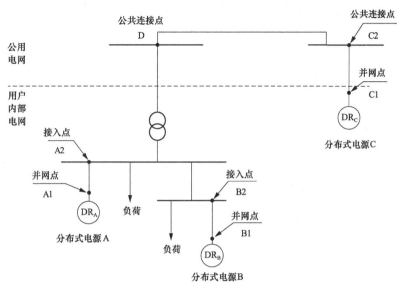

图 5 - 10　分布式电源接入系统示意图

（2）接入点。是指分布式电源接入电网的连接处，该电网既可能是公共电网，也可能是用户电网。如图 5 - 10 所示，A2、B2、C2 点分别为分布式电源 A、B、C 的接入点。

（3）公共连接点。是指用户系统（发电或用电）接入公用电网的连接处。如图 5 - 10 所示，C2、D 点均为公共连接点。C2 点既是分布式电源接入点，又是公共连接点，A2、B2 点不是公共连接点。

（4）接入系统工程。如图 5 - 10 所示，A1—A2、B1—B2、C1—C2 输变电工程以及相应电网改造工程分别为分布式电源 A、B、C 接入系统工程，其中，A1—A2、B1—B2 输变电工程由用户投资，C1—C2 输变电工程由电网企业投资。

（5）专线接入。是指分布式电源接入点处设置分布式电源专用的开关设备（间隔），如分布式电源直接接入变电站、开闭站、配电室母线、环网柜等方式。

（6）T 接。是指分布式电源接入点处未设置专用的开关设备（间隔），如分布式电源直接接入架空或电缆线路方式。

二、分布式电源接入系统一般原则

（1）分布式电源与电力用户在同一场所，发电量"全部自用、自发自用剩余电量上网"，接入用户侧。分布式电源与电力用户不在同一场所情况，以及发电量"全额上网"情况，接入公共电网。

对于利用建筑屋顶及附属场地建成的分布式光伏发电项目，电量消纳模式可选择"全部自用""自发自用剩余电量上网"或"全额上网"。

对于利用建筑屋顶及附属场地建成的分布式光伏发电项目，发电量已选择为"全部自用"或"自发自用剩余电量上网"，当用户用电负荷显著减少（含消失）或供用电关系无法履行时，允许其电量消纳模式变更为"全额上网"。

（2）分布式电源并网电压等级可根据装机容量进行初步选择，参考标准：8千瓦及以下可接入220伏；8～400千瓦可接入380伏；400～6000千瓦可接入10千伏。最终并网电压等级应根据电网条件，通过技术经济比选论证确定。若高低两级电压均具备接入条件，优先采用低电压等级接入。

接入公共电网的接入工程产权分界点为电源项目与电网明显断开点处开关设备的电网侧。关口计量点设置在产权分界点处，关口电能计量方案按照有关规定执行。

三、并网服务注意事项

由总表（专用变压器，简称专变）供电的居民小区，单个居民用户申请分布式光伏发电项目并网，可按以下原则与客户协商处理：

以380/220伏接入的自然人项目允许多个发电客户对应一个用电客户（总表用户）；电量消纳方式按照全部自用模式处理。

对于接入用户内部电网，电量消纳方式选择变更为"全额上网"模式的分布式电源，按以下原则处理：

（1）以380/220伏接入的自然人项目，建议改为接入公网方式。因为接入点一般定在用电客户进线总开关处，与公共连接点的距离不远，工程量小，投资小，便于各方面管理。

（2）以380伏、10千伏及以上电压等级的专变客户项目，应根据实际情况选择保留原有接线方式或改为接入公网方式。

对于新建项目，接线方式要与电量消纳模式相适应，即"全额上网"的需直接接入公共电网。

一个申报项目中存在多种能源类型（如风光互补项目），且不具备单独计量条件，可按以下原则与客户协商处理：

（1）项目中的分布式光伏类型与用电客户关联，电量消纳方式可在三种方式中选择。

（2）其他能源类型视为接入用户内部电网，电量消纳方式选择全部上网模式的分布式电源处理。

四、抄表核算

分布式电源客户抄表段分配原则：发电客户和用电客户应遵循同时抄表的原则，分配至同一抄表段。如用电客户调整抄表段后，发电客户也应相应调整抄表段。

分布式电源客户新分配抄表段，在抄表管理≫抄表段管理≫功能≫发电客户分配抄表段菜单操作；分布式电源客户调整抄表段，在抄表管理≫抄表段管理≫功能≫调整发电客户抄表段申请菜单操作。

分布式电源客户结算周期：发电客户和用电客户结算周期应保持一致；结算周期原则上不得超过两个月。

分布式电源客户（低供低计）计费示意图如图 5-11 所示。

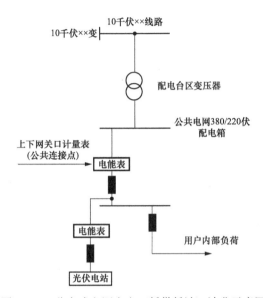

图 5-11　分布式电源客户（低供低计）计费示意图

分布式电源客户电量电费计算：

（1）发电客户

发电量＝发电计量点抄见电量（注：用于计算发电补助电费）

上网电量＝上网计量点抄见电量（注：用于计算电网购电电费）

自发自用电量＝发电量－上网电量（注：用于计算发电补助电费，
适用于按照自发自用电量计算的补助）

发电补助电费＝发电量×补助单价（注：补助单价分为中央补助、省级补助、
市级补助、县级补助）

上网电费＝上网电量×上网电价（注：上网电价分为脱硫燃煤标杆电价、
光伏电站上网标杆电价）

（2）关联用电客户

自发自用电量＝发电客户计量点发电电量－发电客户计量点上网电量

（3）自发自用代征电费（注：适用于非光伏的项目）

基金及附加＝自发自用电量×代收基金及附加电价标准

（4）统购统销电量（注：适用于关联发电客户的消纳方式为全额上网，接入方式为

接入用户内部）

$$统购统销电量＝全额上网的发电客户计量点上网电量$$

（5）系统备用费（注：适用于非光伏、非风电的项目）：根据用电客户变压器的容量和国家批准的系统备用费单价计算系统备用费。

注：分布式光伏、风电项目不收取系统备用费；分布式光伏发电项目自用电量不收取随电价征收的各类基金及附加；其他类型分布式电源的系统备用费、基金及附加执行国家有关政策。

工具准备

工具为信息化设备，具体的准备要求见表1-1。

材料准备

材料要求：作业指导书、单元教学设计、安全交底签字表，具体见表1-2。

人员准备

工作人员的身体、精神状态良好，工作人员的资格包括作业技能、安全资质和特殊工种资质等，具体要求见表1-3。

场地准备

营销业务应用系统实训场地的危险点与预防控制措施，见表1-4。

任务实施

本任务模拟××供电所根据客户资料以及现场勘查信息，编制分布式电源项目接入方案，并在系统中完成相关流程。

在【待办工作单】界面根据申请编号或者其他信息找到本情境任务一中发起的工作单，选择该工单并进行处理。

1. 勘查方案录入

单击【勘查方案】界面，该选项卡包含【勘查信息】和【接入方案】两个子选项卡。根据现场勘查资料，填写相关勘查信息，主要有勘查人员、勘查日期、有无违约用电行为、勘查意见等，填写完成后，单击"保存"按钮，如图5-12所示。

单击【接入方案】子选项卡，转到接入方案录入界面。填写接入方案基本信息，主要有是否可接入、确定人、方案确定时间、核定容量、预计月自发电量、是否设计审查、税率等信息，填写完成后单击"保存"按钮，系统提示保存成功，如图5-13所示。

2. 并网点方案录入

单击【并网点方案】界面，该选项卡包含【公共连接点方案】、【接入点方案】、【并

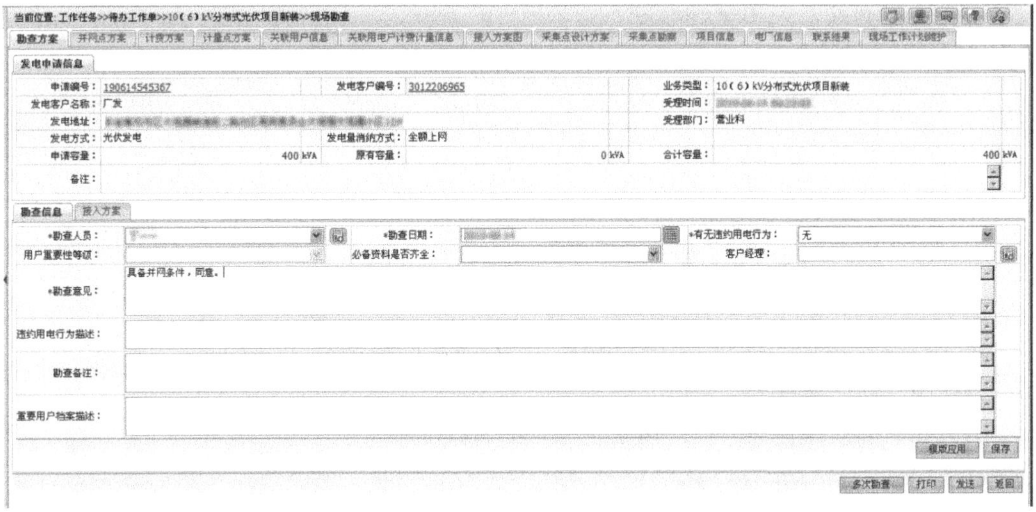

图 5-12　勘查信息

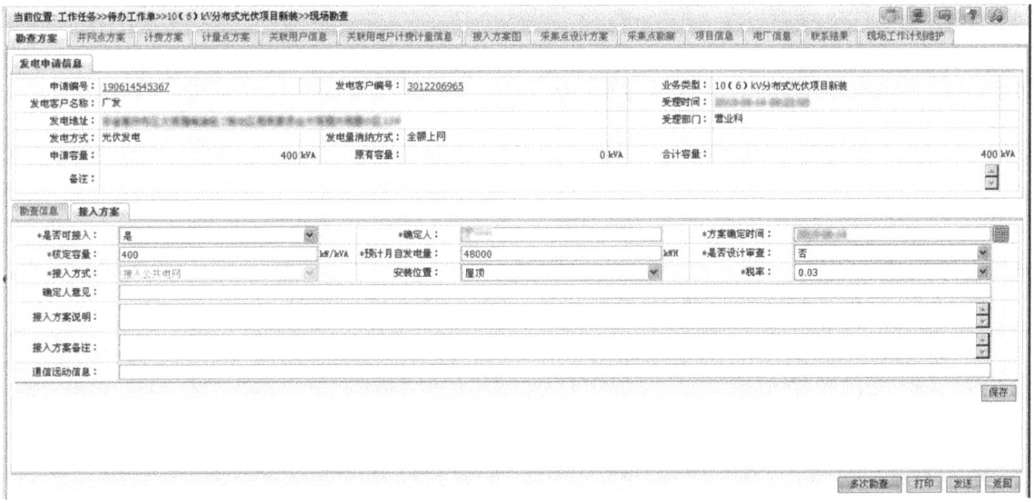

图 5-13　接入方案

网点方案】三个子选项卡。根据接入方案，依次选择"公共连接点类型""公共连接点性质""接入电压""进线方式""产权分界点""保护方式"等信息，根据现场勘查实际情况填写，点击"保存"按钮，如图 5-14 所示。

　　单击【接入点方案】子选项卡，根据现场勘查情况填写"接入点名称""接入点容量""接入点电压"等信息，点击"保存"按钮，如图 5-15 所示。

　　单击【并网点方案】子选项卡，根据现场勘查情况填写"并网点名称""并网点容量""发电方式"等信息，点击"保存"按钮，如图 5-16 所示。

　　3. 计费方案录入

　　单击【计费方案】界面，进入计费方案窗口，依次保存【用户定价策略方案】和

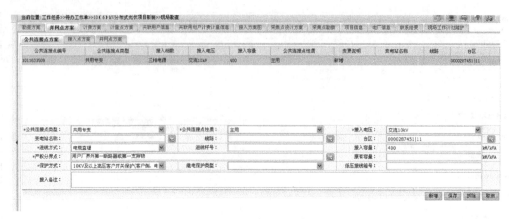

图 5-14 公共连接点方案

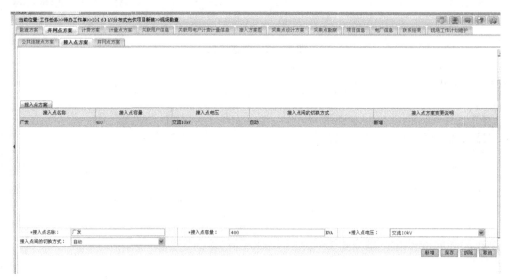

图 5-15 接入点方案

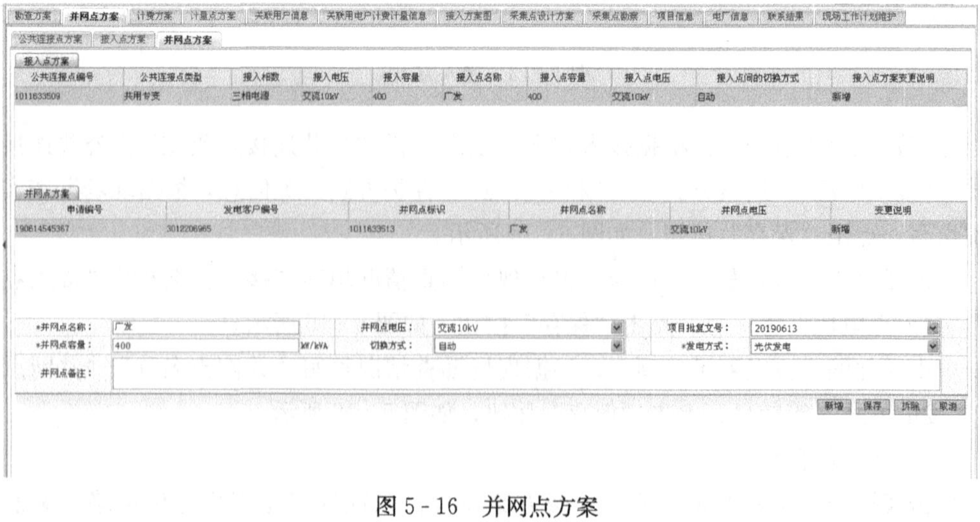

图 5-16 并网点方案

【用户电价方案】，需要填写的信息主要有定价策略类型、基本电费计算方式、功率因数考核方式以及执行电价、电价行业类别、是否执行峰谷标志、功率因数标准、是否参与直接交易等，点击"保存"按钮，如图 5-17 所示。

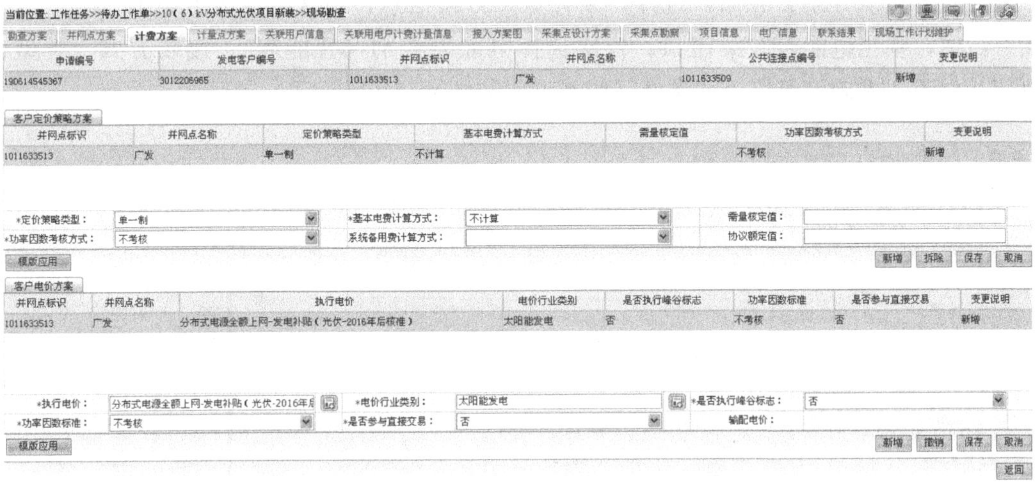

图 5-17 计费方案

4. 计量点方案录入

单击【计量点方案】界面，进入计量点方案窗口，单击"新增"按钮，弹出计量点方案窗口。依次输入计量点编号、计量点名称、计量点地址、计量点容量、计量点分类、计量点性质、主用途类型、计量方式、接线方式、电压等级、计量装置分类等信息，单击"保存"按钮，如图 5-18 所示。返回计量方案界面，成功增加一条计量点方案。

图 5-18 计量方案

如有多条计量点信息，单击"新增"按钮，继续添加。一般情况下，发电客户至少增加两个计量点：并网计量点、发电计量点。如有下级计量点信息，单击"增下级"按钮，添加下级计量点方案窗口。

在【计量点方案】界面，选择一条计量点方案信息，在【电能表方案】，单击"新增"按钮，弹出电能表方案窗口。依次选择电能表类别（智能表）、接线方式、类型、电压、电流、准确度等级等，选择示数类型，如图5-19所示。

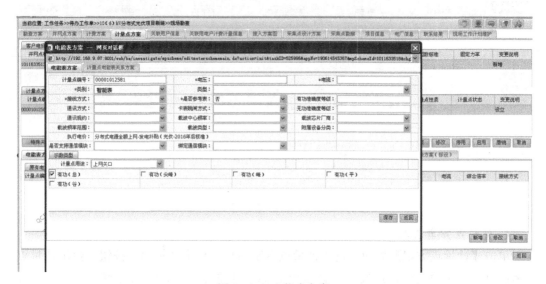

图5-19　电能表方案

5. 关联用电户计费计量信息录入

单击【关联用电户计费计量信息】界面，该选项卡包含【计费信息】、【计量信息】两个子选项卡。

在【计费信息】子选项卡，制定关联用电客户的计费方案。用户定价策略方案，主要包括定价策略类型、基本电费计算方式、功率因数考核方式等信息；用户电价方案，主要包括执行电价、电价行业类别、是否执行峰谷标志、功率因数标准、是否参与直接交易等信息，填写完成后点击"保存"按钮，如图5-20所示。

在【计量信息】子选项卡，可以查看并修改用户计量信息，如图5-21所示。

6. 现场勘查环节发送

单击【勘查方案】界面，单击"发送"按钮，分布式电源项目新装业务完成现场勘查环节，进入业务审批环节。

任务评价

结合实训过程考核，编制任务实施情况的评价标准进行任务实施结果评定，本任务的任务实施情况的评价标准见表5-2。

图 5-20 关联用电户计费信息

图 5-21 关联用电户计量信息

表 5-2 任务实施情况的评价标准

序号	内容	注意事项	分值
1	界面登录：打开 IE 浏览器，在地址栏里输入网址 http://192.168.9.12:8001/web/ 或者 http://192.168.9.68:8001/web/登录应用服务器，完成各角色工号登录	使用正确账号登录，不得修改密码和其他用户信息	5

续表

序号	内容	注意事项	分值
2	菜单模块入口操作：工作任务≫待办工作单	正确选择自己所做工单，不错选他人工单	10
3	填写【勘查方案】界面的【勘查信息】和【接入方案】两个子项	注意核定容量、预计月自发电量等信息的正确性	10
4	填写【并网点方案】界面的【公共连接点方案】、【接入点方案】、【并网点方案】三个子项	注意"公共连接点类型""公共连接点性质""接入电压""进线方式""产权分界点""保护方式""并网点容量""发电方式"等信息的正确性	20
5	填写【计费方案】界面的【用户定价策略方案】和【用户电价方案】两个子项	注意基本电费计算方式、功率因数考核方式以及执行电价、电价行业类别、是否执行峰谷标志、功率因数标准、等信息的正确性	20
6	填写【计量点方案】界面计量点相关信息	注意计量点容量、计量点分类计量方式、接线方式、电压等级，以及电能表类别、接线方式、类型、电压、电流、准确度等级等信息的正确性	20
7	完成现场勘查环节，并推送至"业务审批"环节	所有必要信息必须录入完整，否则无法发送	10
8	恢复工位	规整工位，关闭计算机和电源，养成良好的工作习惯	5

序号	发现问题	注意事项	改进措施	备注
1				
2				

教师		评价结果	

任务扩展

分布式发电装置并网后会给配电网带来一系列积极的影响。

（1）提高供电可靠性。分布式电源可以弥补大电网在安全稳定性上的不足。含分布式电源的微电网可以在大电网停电时维持全部或部分重要用户的供电，避免大面积停电带来的严重后果。

（2）提高电网的防灾害水平。灾害期间，分布式电源可维持部分重要负荷的供电，减少灾害损失。

（3）分布式电源启停方便，调峰性能好，有利于平衡负荷。

（4）分布式电源投资小、见效快。发展分布式电源可以减少、延缓对大型常规发电厂与输配电系统的投资，降低投资风险。

（5）可以满足特殊场合的用电需求。如用于大电网不易达到的偏远地区的供电；在重要集会或庆典上，分布式电源处于热备用状态可作为移动应急发电。

（6）减少传输损耗。分布式电源就近向用电设备供电，避免输电网长距离送电的电能传输损耗。

分布式储能装置并网后，可在负荷低谷时从电网上获取电能，而在负荷高峰时向电网送电，起到对负荷削峰填谷的作用，提高电网运行效率。其另一个重要作用是与风能、太阳能等可再生能源发电装置配合使用，可就地补偿可再生能源发电装置功率输出的间歇性。

分布式电源的大量接入改变了传统配电网功率单向流动的状况，这给配电网带来一系列新的技术问题：

（1）电压调整问题。配电线路中接入分布式电源，将引起电压分布的变化。由于配电网调度人员难以掌握分布式电源的投入、退出时间以及发出的有功功率与无功功率的变化，使配电线路的电压调整控制十分困难。

（2）继电保护问题。分布式电源的并网会改变配电网原来故障时短路电流水平并影响电压与短路电流的分布，对继电保护系统带来影响。

任务三 审 批 审 查

📋 任务目标

了解分布式电源项目新装方案审批答复、设计审查的相关知识，能够在营销业务应用系统中进行分布式电源项目新装流程的业务审批、答复接入方案等操作。

💬 任务描述

本任务是在营销业务应用系统中完成分布式电源项目新装的审批审查，主要包括业务审批、答复接入方案、接入方案确认、受理设计审查申请、组织设计审查、答复审查意见等操作环节。

📑 工具准备

工具为信息化设备，具体的准备要求见表1-1。

📇 材料准备

材料要求：作业指导书、单元教学设计、安全交底签字表，具体见表1-2。

📹 人员准备

工作人员的身体、精神状态良好，工作人员的资格包括作业技能、安全资质和特殊工种资质等，具体要求见表1-3。

场地准备

营销业务应用系统实训场地的危险点与预防控制措施，见表1-4。

任务实施

本任务模拟××供电所根据客户资料以及系统中工作单相关信息，完成分布式电源项目方案答复、设计审查，并在系统中完成相关流程。

1. 业务审批

在【待办工作单】界面根据申请编号或者其他信息找到本情境任务二中处理的工作单，选择该工单并进行处理，进入【审批】界面，依次填写审批/审核人、审批/审核时间、审批/审核结果以及审批/审核意见等信息，保存完成后，单击"发送"按钮，进入答复接入方案环节，如图5-22所示。

图5-22　业务审批

2. 答复接入方案

在【待办工作单】界面根据申请编号或者其他信息找到所做的工作单，选择该工单并进行处理，进入【答复接入方案】界面，依次填写答复人、答复日期、答复方式以及客户回复方式、客户回复时间、客户签收人、客户签收日期、客户回复意见、客户回复内容等信息，保存完成后，单击"发送"按钮，进入接入方案确认环节，如图5-23所示。

3. 接入方案确认

在【待办工作单】界面根据申请编号或者其他信息找到所做的工作单，选择该工单并进行处理，进入【接入方案确认】界面，依次填写答复人、答复日期、答复方式以及客户回复方式、客户回复时间、客户签收人、客户签收日期、客户回复意见、客户回复内容等信息，保存完成后，确认完成后单击"发送"按钮，进入接入受理设计审查申请环节，如图 5-24 所示。

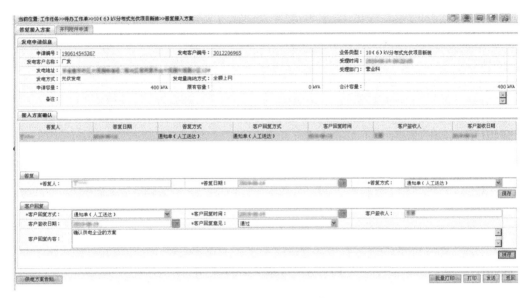

图 5-23　答复接入方案

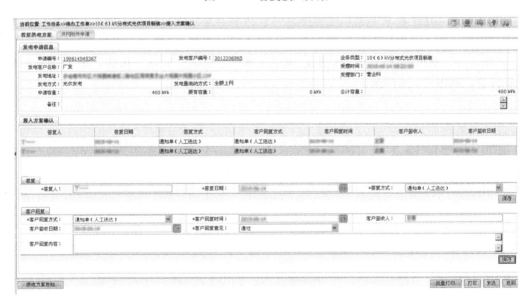

图 5-24　接入方案确认

4. 受理设计申请

在【待办工作单】界面根据申请编号或者其他信息找到所做的工作单，选择该工单并进行处理，进入【受理设计审查申请】界面，依次填写工程类别、是否有隐蔽工程、报送单位、报送人、提交时间、接收人、审核人、审核日期、土建图纸份数、线路图纸份数、变电图纸份数、审核意见、登记人、登记时间等信息，保存完成后，单击"发送"按钮，进入组织设计审查环节，如图 5-25 所示。

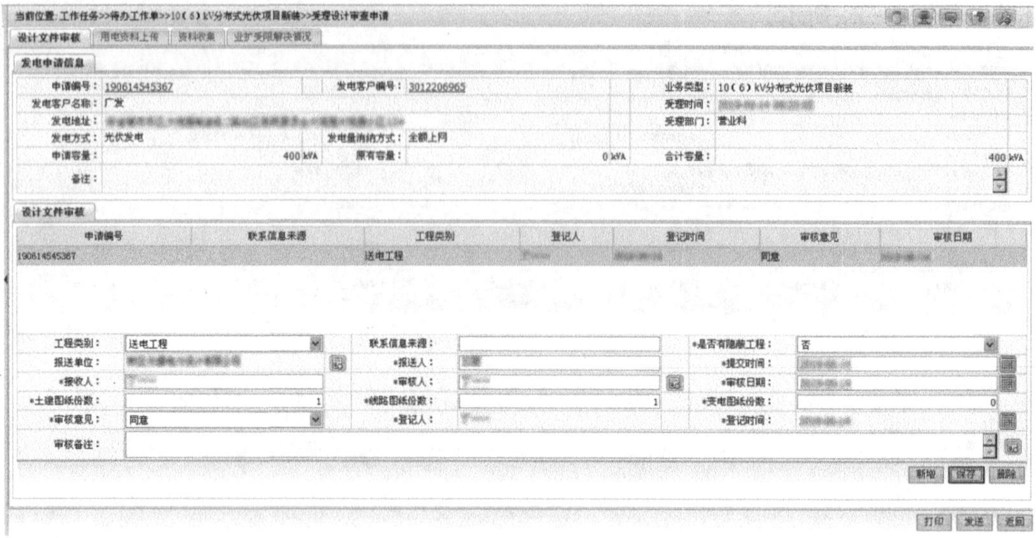

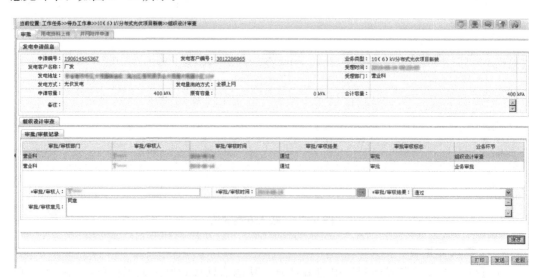

图 5-25 受理设计审查申请

5. 组织设计审查

在【待办工作单】界面根据申请编号或者其他信息找到所做的工作单，选择该工单并进行处理，进入【组织设计审查】界面，依次填写审批/审核人、审批/审核时间、审批/审核结果、审批/审核意见等信息，保存完成后，单击"发送"按钮，进入答复审查意见环节，如图 5-26 所示。

图 5-26 组织设计审查

6. 答复审查意见

在【待办工作单】界面根据申请编号或者其他信息找到所做的工作单，选择该工单并进行处理，进入【答复审查意见】界面，依次填写答复人、答复日期、答复方式以及客户回复方式、客户回复时间、客户签收人、客户签收日期、客户回复意见、客户回复内容等信息，保存完成后，单击"发送"按钮，进入受理并网申请环节，如图5-27所示。

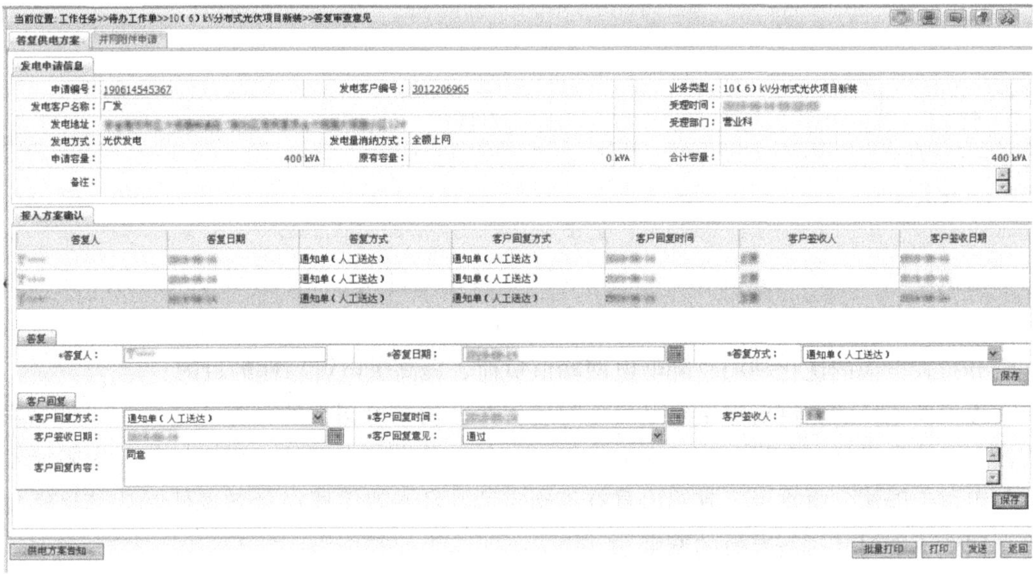

图5-27 答复审查意见

任务评价

结合实训过程考核，编制任务实施情况的评价标准进行任务实施结果评定，本任务的任务实施情况的评价标准见表5-3。

表5-3 任务实施情况的评价标准

序号	内容	注意事项	分值
1	界面登录：打开IE浏览器，在地址栏里输入网址 http://192.168.9.12:8001/web/ 或者 http://192.168.9.68:8001/web/登录应用服务器，完成各角色工号登录	使用正确账号登录，不得修改密码和其他用户信息	10
2	菜单模块入口操作：工作任务≫待办工作单	正确选择自己所做工单，不错选他人工单	20
3	正确填写【业务审批】、【答复接入方案】、【接入方案确认】、【受理设计审查申请】、【组织设计审查】、【答复审查意见】界面信息	处理过程中注意处理角色权限的变换	40
4	完成业务审批环节，并推送至"受理并网申请"环节	所有必要信息必须录入完整，否则无法发送	20
5	恢复工位	规整工位，关闭计算机和电源，养成良好的工作习惯	10

续表

序号	发现问题	注意事项	改进措施	备注
1				
2				
教师		评价结果		

任务扩展

虚拟发电厂（virtual power plant，VPP）技术是将配电网中分散安装的分布式电源通过技术支撑平台实现统一调度并将其等效为一个发电区，实现分布式电源大量并网，达到分布式电源的优化利用、降低电网峰值负荷、提高供电可靠性的目的。

虚拟发电厂的调度对象主要是可随时启动并且功率可调节的分布式电源，如热电联产微型燃气轮机、应急供电柴油发电机组以及各种分布式电源等。对于风能、太阳能发电等可再生能源发电来说，其输出具有不确定性，且一般需要在具备条件时让其足额发电，因此不能对其进行有效的调度。

实施虚拟发电厂要有配网自动化系统（DAS）作为技术支撑平台。虚拟发电厂是配网自动化系统的一个高级应用功能。配网自动化系统需要采集、处理分布式电源的实时运行数据，并能够对其进行调节、控制。

除技术问题外，实施虚拟发电厂还涉及电价、政策法规等一系列问题。目前处于研究探讨阶段，还缺少成熟的经验。

任务四　签订合同、并网及存档

任务目标

了解分布式电源项目新装签订合同、并网及归档的相关知识，能够在营销业务应用系统中进行分布式电源项目新装流程的签订合同、并网及存档等流程操作。

任务描述

本任务是在营销业务应用系统中完成分布式电源项目新装流程的签订合同、并网及存档，主要包括受理并网申请、合同起草、合同审核等操作环节。

工具准备

工具为信息化设备，具体的准备要求见表 1 - 1。

📢 材料准备

材料要求：作业指导书、单元教学设计、安全交底签字表，具体见表1-2。

🎥 人员准备

工作人员的身体、精神状态良好，工作人员的资格包括作业技能、安全资质和特殊工种资质等，具体要求见表1-3。

🏢 场地准备

营销业务应用系统实训场地的危险点与预防控制措施，见表1-4。

📋 任务实施

本任务模拟××供电所根据客户资料以及系统中工作单相关信息，完成分布式电源项目受理并网申请、资料归档、信息归档，并在系统中完成相关流程。

1. 受理并网申请

在【待办工作单】界面根据申请编号或者其他信息找到所做的工作单，选择该工单并进行处理，进入【受理并网申请】界面，依次填写报验人、报验日期、验收日期、报验性质等信息，保存完成后，单击"发送"按钮，进入合同起草环节，如图5-28所示。

图5-28　受理并网申请

2. 合同起草

在【待办工作单】界面根据申请编号或者其他信息找到所做的工作单，选择该工单并进行处理，进入【合同起草】界面，依次填写操作类型、起草人员、起草时间以及合同类别、范本名称、有效期、合同文本形式等信息，保存完成后，单击"发送"按钮，进入合同审核环节，如图 5 - 29 所示。

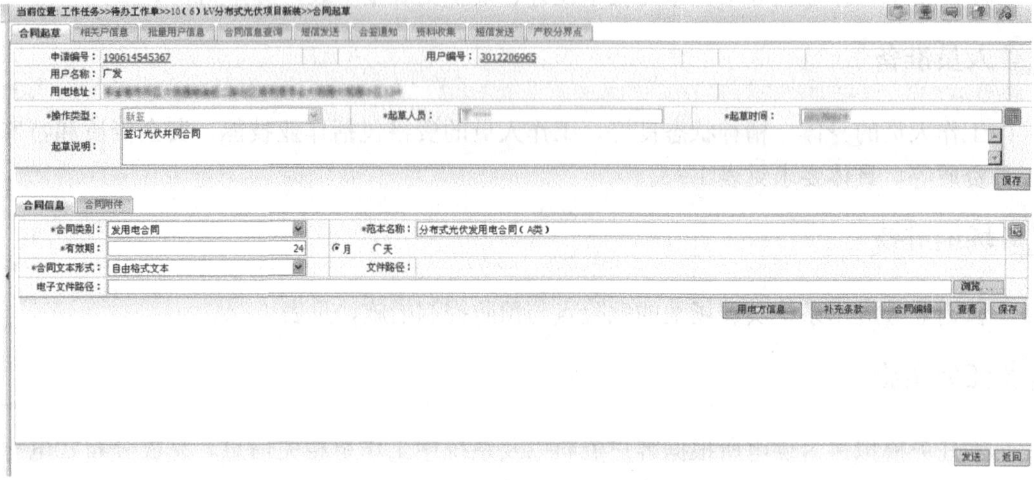

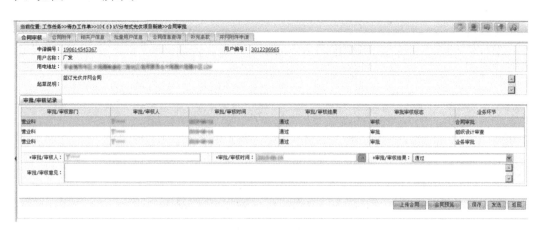

图 5 - 29   合同起草

3. 合同审核

在【待办工作单】界面根据申请编号或者其他信息找到所做的工作单，选择该工单并进行处理，进入【合同审核】界面，依次填写审批/审核人、审批/审核时间、审批/审核结果、审批/审核意见等信息，保存完成后，单击【发送】按钮，进入合同签订环节，如图 5 - 30 所示。

图 5 - 30   合同审核

4. 合同签订

在【待办工作单】界面根据申请编号或者其他信息找到所做的工作单，选择该工单并进行处理，进入【合同签订】界面，依次填写答复人、答复日期、答复方式、客户回复时间、客户回复方式、客户签收人、客户签约日期、用户意见以及供电方签约人、用电方签约人、合同签署日期、签约地点、合同自动续签标志等信息，保存完成后，单击【发送】按钮，进入合同归档环节，如图5-31所示。

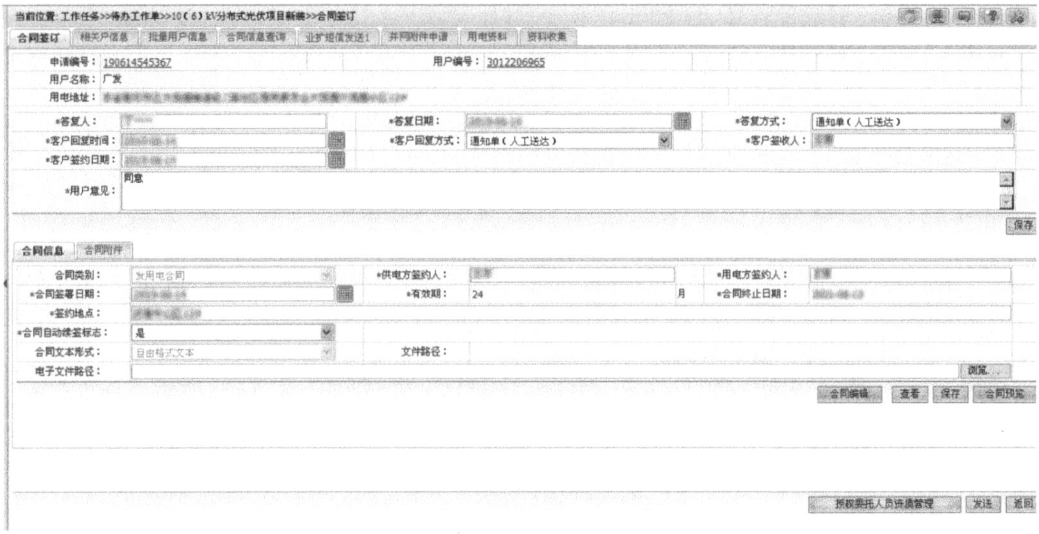

图5-31 合同签订

5. 合同归档

在【待办工作单】界面根据申请编号或者其他信息找到所做的工作单，选择该工单并进行处理，进入【合同归档】界面，依次填写操作人、归档时间等信息，保存完成后，单击【发送】按钮，进入安装派工环节，如图5-32所示。

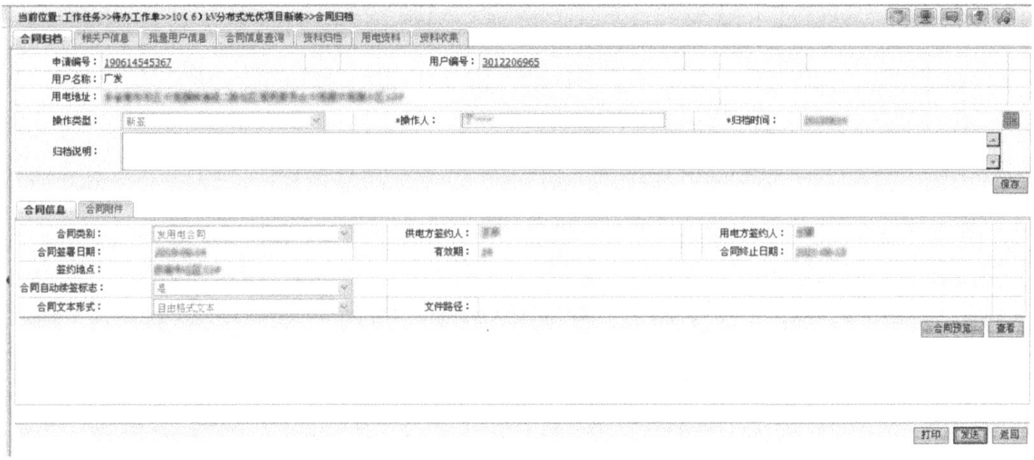

图5-32 合同归档

6. 安装派工

在【待办工作单】界面根据申请编号或者其他信息找到所做的工作单，选择该工单并进行处理，进入【安装派工】界面，选择装拆人员，填写负责人、装拆日期等信息，单击

"派工"按钮进行派工，再单击"发送"按钮，进入安装信息录入环节，如图 5-33 所示。

图 5-33　安装派工

7. 安装信息录入

在【待办工作单】界面根据申请编号或者其他信息找到所做的工作单，选择该工单并进行处理，进入【安装信息录入】界面，填写装拆人员、装拆日期、负责人等信息，单击"全部保存"，再录入电能表反向各项示数，单击"保存"，再单击"发送"按钮，进入组织并网验收与调试环节，如图 5-34 所示。

图 5-34　安装信息录入

8. 组织并网验收与调试

在【待办工作单】界面根据申请编号或者其他信息找到所做的工作单，选择该工单并进行处理，进入【组织并网验收与调试】界面，在【并网验收】子选项卡填写验收意见、验收登记人、验收日期、验收部门等信息，单击"保存"，如图 5 - 35 所示，再单击【验收明细】子选项卡，填写验收意见、验收人、验收日期、验收项目等信息，单击"保存"，如图 5 - 36 所示，再单击"发送"按钮，进入组织并网验收与调试环节。

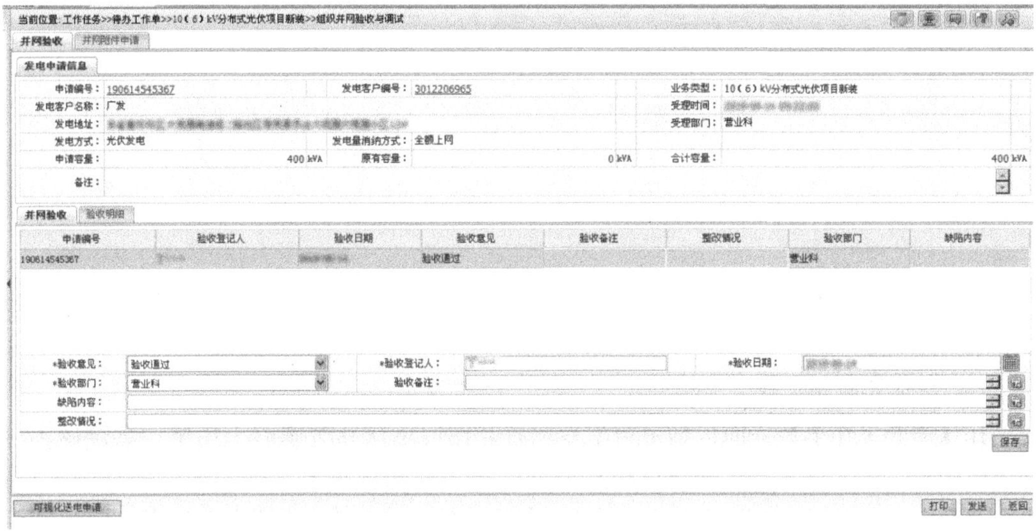

图 5 - 35　组织并网验收与调试 - 并网验收

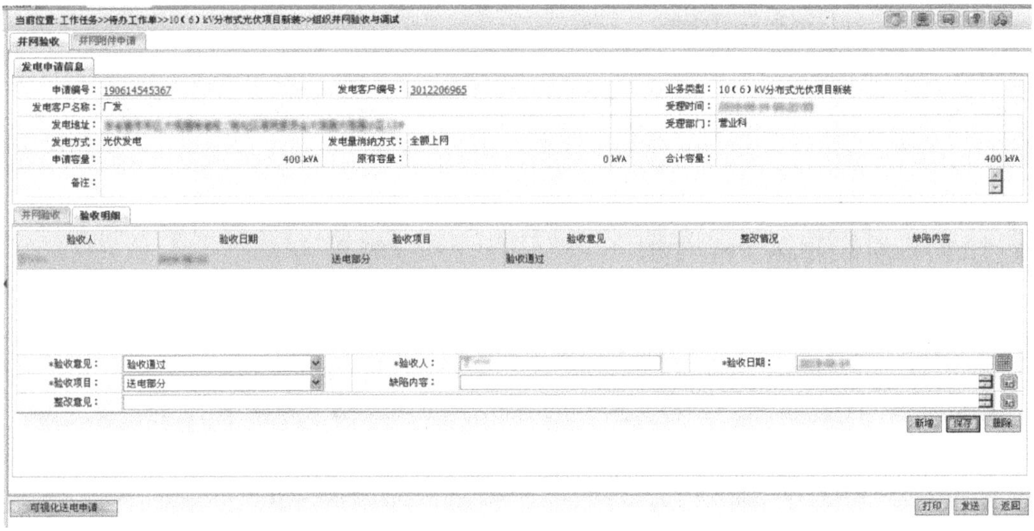

图 5 - 36　组织并网验收与调试 - 验收明细

9. 组织并网

在【待办工作单】界面根据申请编号或者其他信息找到所做的工作单，选择该工单并进行处理，进入【组织并网】界面，填写组织并网意见、组织并网人、组织并网日期等信息，单击"保存"，再单击"发送"按钮，进入分布式账务审核环节，如图 5 - 37 所示。

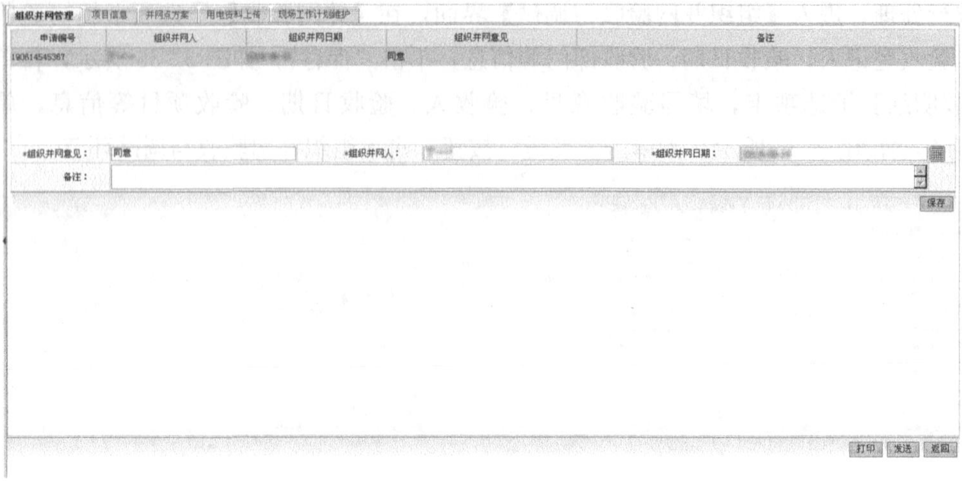

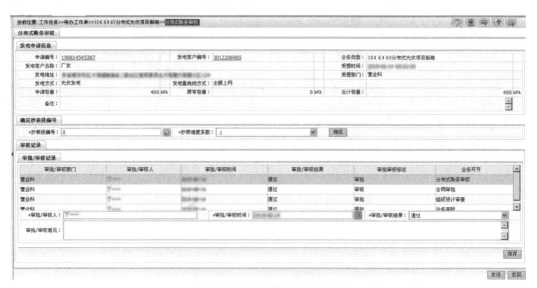

图 5-37　组织并网

10. 分布式账务审核

在【待办工作单】界面根据申请编号或者其他信息找到所做的工作单，选择该工单并进行处理，进入【分布式账务审核】界面，填写抄表段编号、抄表难度系数等信息，单击"确定"，再填写审批/审核人、审批/审核时间、审批/审核结果等信息，单击"保存"，再单击"发送"按钮，进入信息归档环节，如图 5-38 所示。

图 5-38　分布式账务审核

11. 信息归档

在【待办工作单】界面根据申请编号或者其他信息找到所做的工作单，选择该工单并进行处理，进入【信息归档】界面，填写审批/审核人、审批/审核时间、审批/审核结果等信息，单击"保存"，如图 5-39 所示，再进入【发电地址维护】界面，填写发电地址、经度、纬度、高程等信息，单击"保存"，如图 5-40 所示，回到【信息归档】界面，单击"信息归档"按钮，执行信息归档成功后，系统中生成正式发电客户档案，如图 5-41 所示。

图 5-39　信息归档

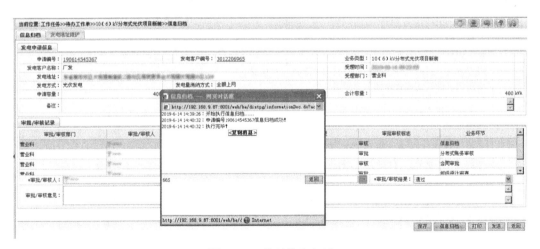

图 5-40　发电地址维护

图 5-41　执行信息归档

12. 资料归档

在【待办工作单】界面根据申请编号或者其他信息找到所做的工作单，选择该工单并进行处理，进入【资料归档】界面，填写档案号、盒号、柜号等信息，单击【保存】，再单击"发送"按钮，流程结束，如图 5-42 所示。

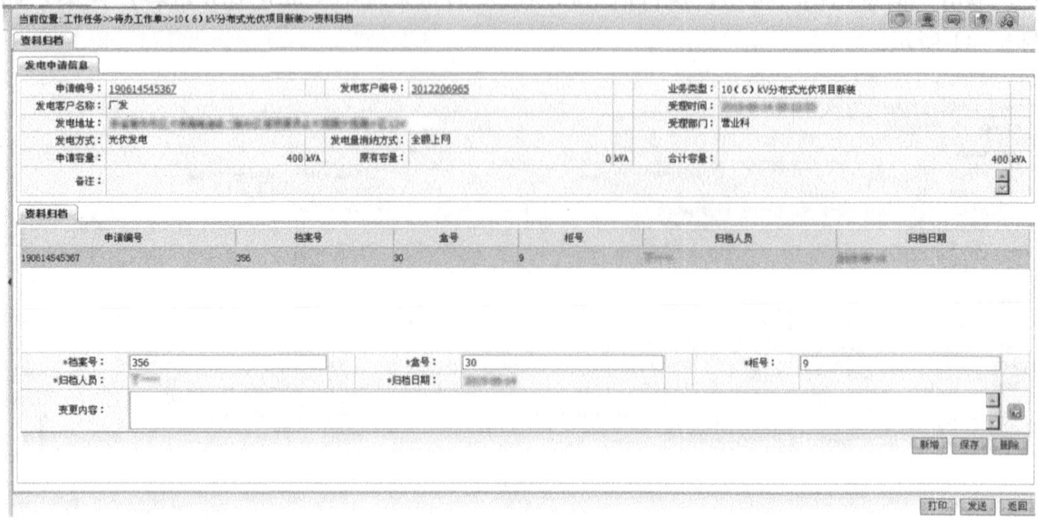

图 5-42 资料归档

📑 任务评价

结合实训过程考核，编制任务实施情况的评价标准进行任务实施结果评定，本任务的任务实施情况的评价标准见表 5-4。

表 5-4　　　　　　　　　　　　任务实施情况的评价标准

序号	内容	注意事项	分值
1	界面登录：打开 IE 浏览器，在地址栏里输入网址 http://192.168.9.12:8001/web/或者 http://192.168.9.68:8001/web/登录应用服务器，完成各角色工号登录	使用正确账号登录，不得修改密码和其他用户信息	10
2	菜单模块入口操作：工作任务≫待办工作单	正确选择自己所做工单，不错选他人工单	10
3	正确填写【受理并网申请】、【合同起草】、【合同审核】、【合同签订】、【合同归档】界面信息		20
4	正确填写【安装派工】界面信息，并完成【安装信息录入】界面	派工人员中必须选择自己，否则无法进行下一步的处理	20
5	正确填写【组织并网验收与调试】、【组织并网】、【分布式账务审核】、【信息归档】、【资料归档】界面		20
6	完成"资料归档"，并发送，流程结束	所有必要信息必须录入完整，否则无法发送	10
7	恢复工位	规整工位，关闭计算机和电源，养成良好的工作习惯	10

续表

序号	发现问题	注意事项	改进措施	备注
1				
2				
教师		评价结果		

任务扩展

　　针对第一类分布式光伏低压客户客户申请渠道可分为线上和线下两种受理渠道。除常规营业厅等线下受理方式外，按照国家电网有限公司"互联网＋"营销服务工作安排，"国网分布式光伏云网"（简称"光伏云网"）已于2018年4月上线运行，客户可选择通过"光伏云网"办理分布式光伏并网业务，实现分布式光伏线上服务。"光伏云网"向客户提供分布式光伏线上并网申请、接入系统方案答复及确认、设计审查意见答复、并网验收与调试申请、购售电合同签订（低压居民客户）等线上服务，满足客户在线申请、进度查询、服务评价等需求。

　　业务流程环节主要包括业务受理、勘查派工、现场勘查、业务审批、答复接入方案、接入方案确认、受理设计审查申请、组织设计审查、受理并网申请、安装计量装置、签订合同、组织并网验收与调试、组织并网、信息归档、资料归档。

　　操作实例：

　　现有×××化工厂，变压器容量400千伏·安，申请利用厂房屋顶建设200千瓦光伏电站。已知该用户已经取得发展改革委审批文号，发电量全部上网，10千伏电压并网，计量方式选择高供低计，创建两个计量方案，一个是×××化工厂发电关口，一个是×××化工厂并网关口，发电关口关联标杆电价，计量方式选择定量，并网关口关联全口径电价，对应计量方式选择实抄，关联原计量表，使用其反向计量。

　　请为该用户在营销业务应用系统中进行分布式电源项目新装业务的办理，生成工作单并记录工作单编号，根据要求完成相关信息录入，完成该工作单全部流程至归档。

115

情境六

线损基础信息管理

【情境描述】

本情境包含三项任务，分别是在营销业务应用系统中实现线路资料管理、台区资料管理和专变台区资料管理。核心知识点包括线路、台区以及专变台区的基本概念、相关参数及其意义。关键技能项包括营销业务应用系统中线路资料管理、台区资料管理及专变台区资料管理的操作项目。

【情境目标】

1. 知识目标

熟悉线路、台区以及专变台区的基本概念，了解线路、台区以及专变台区相关参数。

2. 能力目标

能够在营销业务应用系统中完成新建线路、新建台区的资料录入，能够在系统中完成线路、台区和专变台区的信息维护。

3. 素质目标

树立细心、耐心的岗位态度，培养工匠精神、团队精神、服务意识，增强人民电业为人民的宗旨意识。

任务一　线 路 资 料 管 理

⌨ 任务目标

熟悉供电线路的基本知识，了解保证营销业务应用系统中线路资料及时更新的意义，能够在系统中新增线路、进行线路资料管理。

💬👤 任务描述

本任务是在营销业务应用系统中完成线路资料管理，主要包括新增线路信息和现有线路的信息维护。

知识准备

随着城镇发展，不管是高压用户（如大工业户），还是低压用户（如居民户），用户数量都越来越多，当原有供电线路无法负荷用户实际用电需求时，供电企业需要提供新的线路来满足用电需求。这时需要将现场实际新增线路的资料信息录入营销业务应用系统，并同时将新增线路所带的高压用户及公用变压器（简称公变）台区，进行信息关联，达到现场实际供售电情况与系统的供售电信息一致，方便线路损耗的正确计算。

考虑电网运行安全风险、现场高压用户的实际用电情况、台区实际用电需求，为保证合理分配使用电能，会对已经超负荷供电的线路进行负荷调整。现场负荷调整到位后，及时对系统中相关线路信息进行变更，保证供电现场与系统中的线路信息一致，保证线损正确计算。

（1）新增供电线路的供售电情况，即线路的正确供电信息（线路的上级信息、线路的供电考核总表、相关互感器等）、售电情况（线路的下级信息，如所带高压专变用户、公变台区的相关信息）。

（2）变更线路的供售电情况，即线路的正确供电信息（线路的上级信息、线路的供电考核总表、相关互感器等）、售电情况（线路的下级信息，如调整负荷后，所带高压专变用户、公变台区的相关信息）。

工具准备

工具为信息化设备，具体的准备要求见表1-1。

材料准备

材料要求：作业指导书、单元教学设计、安全交底签字表，具体见表1-2。

人员准备

工作人员的身体、精神状态良好，工作人员的资格包括作业技能、安全资质和特殊工种资质等，具体要求见表1-3。

场地准备

营销业务应用系统实训场地的危险点与预防控制措施，见表1-4。

任务实施

本任务模拟××供电公司根据安全生产管理系统提供的线路新建、拆除、变更等信息，同步更新营销业务应用系统中相应的线路资料，并同步更新因此而引起的线路和用电客户计量点之间关系发生变动的用电客户信息。

打开【线损管理】主菜单项，单击子菜单项"线损基础信息管理"，在左侧展开的"功能"列表中可以看到"线路资料管理"选项，单击打开【线路资料管理】界面。

1. 线路资料查询

单击"管理单位"框右侧的下拉菜单，选择所在的管理单位，输入变电站编码、线路名称、电压等级、线路编码等信息，单击"查询"按钮，即查询出对应条件的线路信息；或不限制条件，单击"查询"按钮，即查询出系统中本单位及下级单位所有电压等级的线路资料信息，如图6-1所示。

图6-1 线路资料管理

2. 新增线路

如想新增一条线路资料，单击"新增"按钮，弹出【新增】界面，填写管理单位、线路编码、线路名称、电压等级、有损标志、线路类型、线损计算方式等信息，单击"保存"按钮，提示消息"线路新建成功"，如图6-2所示。

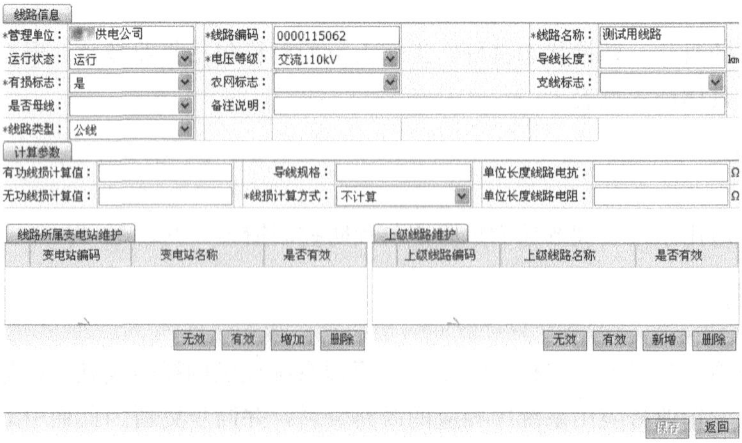

图6-2 线路新增

3. 现有线路资料管理

返回【线路资料管理】界面，输入需要修改信息的线路编码或线路其他信息，单击"查询"按钮，查询相应线路信息，点击"修改"按钮，弹出【修改】界面，如图 6-3 所示。

图 6-3 线路修改

单击【线路所属变电站维护】下的"增加"按钮，在弹出窗口中选择单位、电压等级，单击"查询"按钮，在查出的变电站明细中选定线路所属的变电站，单击"确定"按钮，如图 6-4 所示，为该线路完成线路所属变电站信息的增加，还可以删除线路所属变电站信息，或者设置变电站信息为"无效"或"有效"。

图 6-4 线路所属变电站维护

单击【上级线路维护】下的"新增"按钮，填写上级线路信息，根据查询条件，查询出所需信息，选定上级线路信息，单击"确定"按钮，提示消息"上级线路添加成功",可以为该线路添加上级线路信息,如图 6-5 所示,为该线路完成上级线路信息的增加,还可以删除上级线路信息,或者设置上级线路信息为"无效"或"有效"。

图 6-5　上级线路维护

返回【线路资料修改】界面,单击"保存"按钮,提示"线路修改成功",即完成线路资料的修改,如图 6-6 所示。

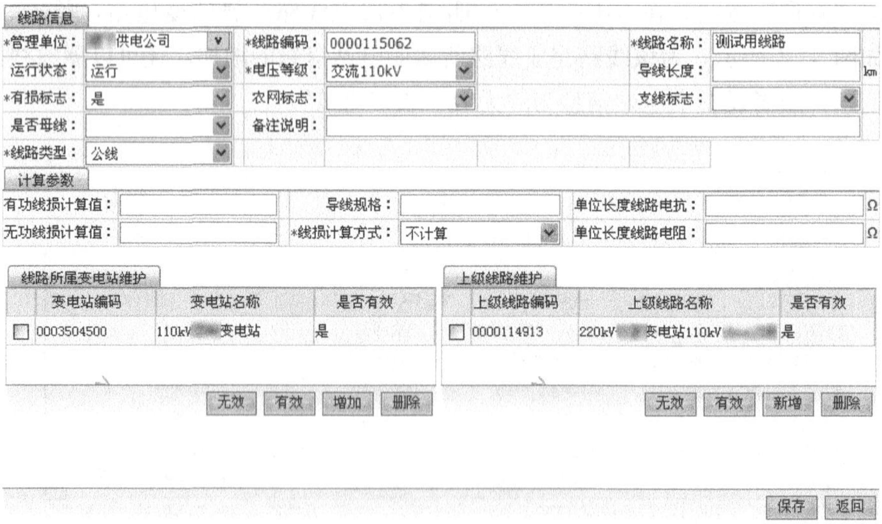

图 6-6　线路资料修改完成

🏷 任务评价

结合实训过程考核,编制任务实施情况的评价标准进行任务实施结果评定,本任务的任务实施情况的评价标准见表 6-1。

表 6 - 1   任务实施情况的评价标准

序号	内容	注意事项	分值
1	界面登录：打开 IE 浏览器，在地址栏里输入网址 http://192.168.9.12:8001/web/ 或者 http://192.168.9.68:8001/web/登录应用服务器，完成各角色工号登录	使用正确账号登录，不得修改密码和其他用户信息	10
2	菜单模块入口操作：线损管理≫线损基础信息管理≫功能≫线路资料管理	分模块点击了解和查看模块相关功能	20
3	新增一条线路	正确填写线路编码、线路名称、电压等级、有损标志、线路类型、线损计算方式等信息	30
4	维护线路所属变电站	可以根据管理单位、电压等级、变电站编码、名称或者主变压器容量查找变电站	15
5	进行上级线路维护	可以根据管理单位、线路编码、电压等级线路类型等信息查找线路	15
6	恢复工位	规整工位，关闭计算机和电源，养成良好的工作习惯	10

序号	发现问题	注意事项	改进措施	备注
1				
2				

教师		评价结果	

任务扩展

线损是电网电能损耗的简称，是电能从发电厂传输到电力用户过程中，在输电、变电、配电和营销各环节中所产生的电能损耗和损失，指有功电能损耗。线损包括技术线损和管理线损，具体内容可参考有关书目。

在本任务进行线路管理资料选择和录入时注意如下几点：

（1）准确填写线路信息的线路编码、名称、电压等级、所属变电站、供电单位。

（2）不允许修改线路信息中的线路编码，新增时不允许重复。

（3）如果线路下有下级线路、客户、台区、计量点时，则不允许拆除。

（4）不允许删除线路信息，只能将运行状态变更为"拆除"。

操作实例：

通过分配的工号登录营销业务应用系统，通过系统中的线损管理功能完成如下案例任务：现有一条新线路投入使用，线路名称是新北线 220 千伏线路，其中线路所属管理单位是××供电公司，变压器容量是 2500 千伏·安（已经并网运行）。

录入线路的管理单位、线路编码、线路名称、电压等级、有损标志、线路类型、线损计算方式等信息并记录新增线路的编码。

后发现线路的电压等级实际是 110 千伏，存在信息错误情况，据此完成系统中该线路信息的维护工作。

任务二　台　区　资　料　管　理

📖 任务目标

熟悉供电台区的基本知识，了解营销业务应用系统中台区资料及时更新的意义，能够在系统中完成新增台区并进行台区资料管理。

💻 任务描述

本任务是在营销业务应用系统中完成台区资料管理，主要包括新增台区信息和现有台区的信息维护。

📚 知识准备

随着城镇发展、人口密集、用电需求不断增大，在原有公变台区无法负荷用户实际用电需求时，供电企业需要提供新的台区，对用电需求户供电。这时，需要将现场实际新增台区的资料信息录入营销业务应用系统，并将新增台区所带的实际低压用户，进行信息关联，达到现场台区实际供售电情况与系统的供售电信息一致，方便台区损耗的正确计算。

考虑电网运行安全风险、现场用户的实际用电情况，为保证合理分配使用电能，这时会对已经超负荷供电的台区进行负荷调整。现场负荷调整到位后，及时对系统中相关台区信息进行变更，保证供电现场与系统中的台区供售电信息一致，保证台区线损正确计算。

（1）新增公变台区的供售电情况，即台区的正确供电信息（台区的上级信息、台区的供电考核总表、相关互感器等）、售电情况（线路的下级信息，如所带低压用户的相关信息）。

（2）涉及变更的公变台区供售电情况，即台区的正确供电信息（台区的上级信息、台区的供电考核总表、相关互感器等）、售电情况（线路的下级信息，如调整负荷后，所带低压用户的相关信息）。

📋 工具准备

工具为信息化设备，具体的准备要求见表 1-1。

🌐 材料准备

材料要求：作业指导书、单元教学设计、安全交底签字表，具体见表 1-2。

人员准备

工作人员的身体、精神状态良好，工作人员的资格包括作业技能、安全资质和特殊工种资质等，具体要求见表1-3。

场地准备

营销业务应用系统实训场地的危险点与预防控制措施，见表1-4。

任务实施

本任务模拟××供电公司根据安全生产管理系统提供的台区的新建、拆除、变更信息，同步更新营销业务应用系统中相应的台区资料，并同步更新因此而引起的台区和用电客户计量点之间关系发生变动的用电客户信息。

打开【线损管理】主菜单项，单击子菜单项"线损基础信息管理"，在左侧展开的"功能"列表中可以看到"台区资料管理"选项，单击打开【台区资料管理】界面。

1. 台区资料查询

单击"管理单位"框右侧的下拉菜单，选择所在的管理单位，输入线路编码、台区名称、台区编码等信息，单击"查询"按钮，即显示出对应条件的台区信息；或不限制条件，单击"查询"按钮，即显示出系统中本单位及下级单位，所有电压等级的台区资料信息，如图6-7所示。

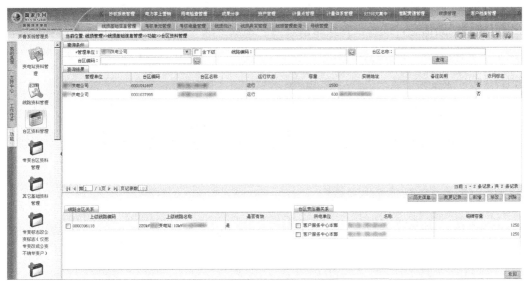

图6-7　台区资料管理

2. 新增台区

如想新增一条台区资料，单击"新增"按钮，弹出【新增台区】窗口，选择管理单位，并填写台区编码、台区名称、公变转变标志、容量等信息，还需要进行线路台区关系维护以及台区变压器维护（具体维护方法见 3. 现有台区资料管理），单击"保存"按钮即可完成台区新增，如图 6-8 所示。

图 6-8　新增台区

3. 现有台区资料管理

查询出需要更改资料的台区，选中后单击"修改"按钮，然后单击【线路台区关系维护】界面下的"新增"按钮，弹出【选择线路】窗口，选择线路管理单位、变电站编码，单击"查询"按钮，在查结果中选定台区所属的线路，单击"确定"按钮，如图 6-9 所示，返回台区基础信息窗口，【线路台区关系维护】下有一条刚刚维护的线路明细，还可以删除线路信息，或者设置线路信息为"无效"或"有效"。

图 6-9　选择线路

单击【台区变压器维护】下的"新增"按钮，弹出【新增变压器】窗口，【主要信息】子选项卡下填写变压器的厂家名称、名称、公变转变标志、铭牌容量、管理单位、运行状态、产权、设备型号、一次侧电压、安装地址等信息，如图 6-10 所示。【扩展信息】子选项卡下填写变压器的接地电阻等信息，如图 6-11 所示，单击"保存"按钮。

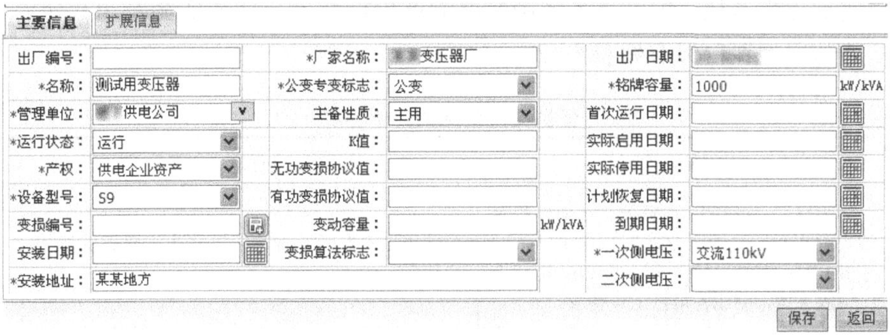

图 6-10 新增变压器主要信息

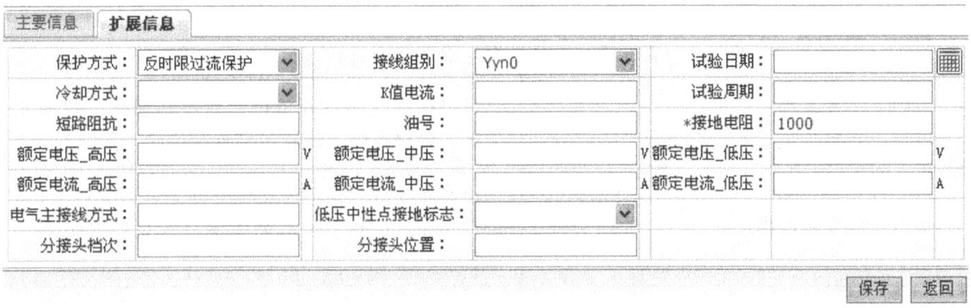

图 6-11 新增变压器扩展信息

退出【新增变压器】窗口，返回【新增台区】窗口，可以看到新增的台区信息，如图 6-12 所示，为该线路完变压器信息的增加，还可以删除变压器信息，或者修改变压器信息。

图 6-12 新增台区完成

125

任务评价

结合实训过程考核，编制任务实施情况的评价标准进行任务实施结果评定，本任务的任务实施情况的评价标准见表 6-2。

表 6-2 任务实施情况的评价标准

序号	内容	注意事项	分值
1	界面登录：打开 IE 浏览器，在地址栏里输入网址 http://192.168.9.12:8001/web/ 或者 http://192.168.9.68:8001/web/ 登录应用服务器，完成各角色工号登录	使用正确账号登录，不得修改密码和其他用户信息	10
2	菜单模块入口操作：线损管理≫线损基础信息管理≫功能≫台区资料管理	分模块点击了解和查看模块相关功能	20
3	新增一条台区	正确填写台区编码、台区名称、公变转变标志、容量等信息	30
4	维护台区所属线路	可以根据线路管理单位、变电站编码、线路电压、线路编码、线路名称查找线路	15
5	进行台区变压器维护	正确填写变压器的公变转变标志、铭牌容量、运行状态、产权、一次侧电压以及接地电阻等信息	15
6	恢复工位	规整工位，关闭计算机和电源，养成良好的工作习惯	10

序号	发现问题	注意事项	改进措施	备注
1				
2				

教师		评价结果	

任务扩展

在电力系统中，台区是指（一台）变压器的供电范围或区域。台区变压器及其辅助设施选型、布局、用户负荷、线路线径、分支箱、用户表箱等硬件设施必须满足安全、节能、用电需求、电能质量等要求。

台区基本信息为台区责任人提供了台区主要设备、线路基本信息、接线方式、台区环境风险分布；为台区责任人了解台区供电环境、电源情况、设备状况、风险辨识提供简便、实用性查询，提高台区管理的针对性和有效性。

操作实例：

通过分配的工号登录营销业务应用系统，通过系统中的线损管理功能完成如下案例任务：现有一条新台区投入使用，台区名称是新北居民小区，其中台区所属管理单位是××供电公司，变压器容量是 315 千伏·安（已经并网运行）。

录入台区编码、台区名称、公变转变标志、容量等信息并记录新增台区的编码。

后发现台区变压器容量实际是 250 千伏·安，系统中存在信息错误情况，据此完成系统中该台区信息的维护工作。

任务三　专变台区资料管理

任务目标

熟悉供电专变台区的基本知识，了解保证营销业务应用系统中专变台区资料及时更新的意义，能够在系统中完成专变台区资料管理。

任务描述

本任务是在营销业务应用系统中现有专变台区的资料管理，包括专变台区相关参数修改、线路台区关系维护和台区变压器关系维护。

知识准备

（1）专变台区是专变供电模式，专变下辖的区域。

（2）新增专变台区的用电情况，即专变台区的正确用电信息，包括台区的上级信息、台区的计量装置等；线路的下级信息，如所带受电设备的相关信息。

（3）涉及变更的专变台区用电情况，即专变台区的正确用电信息，包括台区的上级信息、台区的计量装置等；线路的下级信息，如调整负荷后，所带受电设备的相关信息。

涉及用电负荷较大的用户中有些用户需要专线专供，这时随着专变用户的用电需求变化（增加或变更），其对应的专变台区信息也需要相应的变化（增加或变更），这时需要在营销业务应用系统中完成相应的专变台区信息的更新维护。

工具准备

工具为信息化设备，具体的准备要求见表 1-1。

材料准备

材料要求：作业指导书、单元教学设计、安全交底签字表，具体见表 1-2。

人员准备

工作人员的身体、精神状态良好，工作人员的资格包括作业技能、安全资质和特殊工种资质等，具体要求见表 1-3。

场地准备

营销业务应用系统实训场地的危险点与预防控制措施，见表1-4。

任务实施

本任务模拟××供电公司根据安全生产管理系统提供的专变台区的新建、拆除、变更信息，同步更新营销业务应用系统中相应的专变台区资料，并同步更新因此而引起的专变台区和用电客户计量点之间关系发生变动的用电客户信息。

打开【线损管理】主菜单项，单击子菜单项"线损基础信息管理"，在左侧展开的"功能"列表中可以看到"专变台区资料管理"选项，单击打开【专变台区资料管理】界面。

1. 专变台区资料查询

单击"管理单位"框右侧的下拉菜单，选择所在的管理单位，输入线路编码、台区名称、台区编码等信息，单击"查询"按钮，即显示出对应条件的专变台区信息；或不限制条件，单击"查询"按钮，即显示出系统中本单位及下级单位，所有电压等级的专变台区资料信息，如图6-13所示。

图6-13 台区资料管理

2. 现有专变台区资料管理

选择要修改的专变台区，点击"修改"进入【修改台区】界面，可以对专变台区的管理单位、台区名称、公变转变标志、容量等信息进行修改，信息修改完成后点击"保存"按钮既可完成转变台区信息的修改，如图6-14所示。

如果希望进行线路台区关系维护，修改台区线路对应关系，单击【线路台区关系维护】下的"新增"按钮，弹出【选择线路】窗口，添加查询条件点击查询，选中查询所需结果，单击"确定"按钮，如图6-15所示，然后返回【台区资料管理】界面，【线路台区关系维护】下有一条刚刚维护的线路明细，如图6-16所示。

图 6-14　台区资料管理

图 6-15　选择线路

图 6-16　修改台区-新增上级线路

新增加的上级线路，【是否有效】显示为"否"，需选中该线路，然后单击"有效"按钮，改变有效状态，然后选中原有线路，单击"删除"按钮，将原有线路删除，单击"保存"按钮，修改台区信息成功，如图 6-17 所示。

图 6-17 修改台区-删除原有上级线路

如果希望进行台区变压器维护，修改台区变压器关系，选中【台区变压器维护】下的现有变压器，单击"修改"按钮，弹出【修改变压器】窗口，可以对现有变压器进行信息修改，修改完成后单击"保存"按钮，如图 6-18 所示。如需新增变压器，单击【台区变压器维护】下的"新增"按钮，弹出【新增变压器】窗口，依次填写【主要信息】、【扩展信息】两个子选项卡下的变压器信息，单击"保存"按钮，如图 6-19 所示。

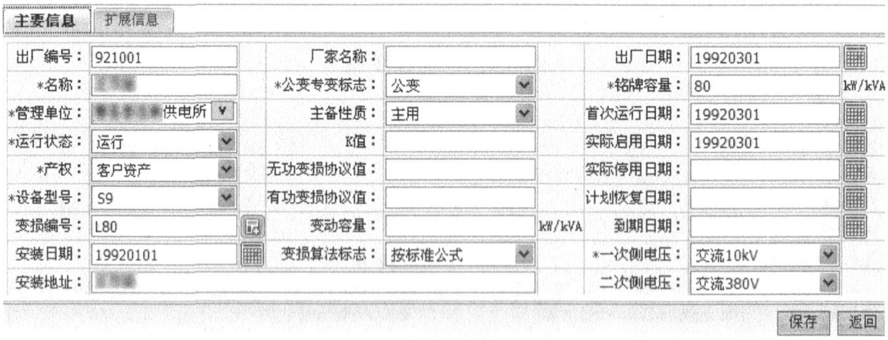

图 6-18 修改变压器

📎 任务评价

结合实训过程考核，编制任务实施情况的评价标准进行任务实施结果评定，本任务的任务实施情况的评价标准见表 6-3。

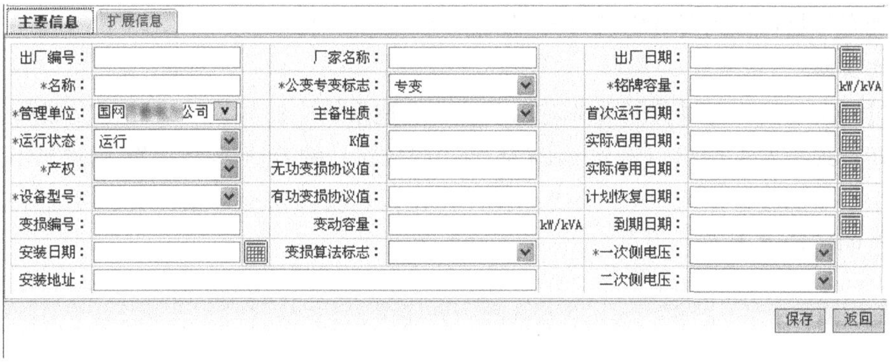

图 6-19 新增变压器

表 6-3　　　　　　　　　　　任务实施情况的评价标准

序号	内容	注意事项	分值
1	界面登录：打开 IE 浏览器，在地址栏里输入网址 http://192.168.9.12:8001/web/或者 http://192.168.9.68:8001/web/登录应用服务器，完成各角色工号登录	使用正确账号登录，不得修改密码和其他用户信息	10
2	菜单模块入口操作：线损管理≫线损基础信息管理≫功能≫专变台区资料管理	分模块点击了解和查看模块相关功能	20
3	修改专变台区相关信息	根据要求修改专变台区管理单位、台区名称、公变转变标志、容量等信息进行修改等信息	30
4	进行线路台区关系维护	可以根据线路管理单位、变电站编码、线路电压、线路编码、线路名称查找线路	15
5	进行台区变压器维护	正确填写变压器的公变转变标志、铭牌容量、运行状态、产权、一次侧电压以及接地电阻等信息	15
6	恢复工位	规整工位，关闭计算机和电源，养成良好的工作习惯	10

序号	发现问题	注意事项	改进措施	备注
1				
2				

教师		评价结果	

任务扩展

　　根据安全生产管理系统提供台区的新建、拆除、变更信息，同步更新台区资料，并向业扩提供台区和用电客户计量点之间关系发生变化的资料。

　　台区线损管理纳入营销工作的日常管理中，建立常态管理机制，实现专变台区线损指标的动态考核，做到台区管理责任和线损指标落实到位。

操作实例：

通过分配的工号登录营销业务应用系统，通过系统中的线损管理功能完成如下案例任务：现发现某专变台区（台区编码为 0000224248）的变压器容量为 1250 千伏·安，但系统中电压等级显示为 1000 千伏·安，存在信息错误情况，据此完成系统中该专变台区信息的维护工作。

个人车位充电桩报装实施

【情境描述】

本模块包含个人车位充电桩充电设施报装工作流程、服务跟踪、充电卡业务办理。通过对工作流程及关键环节服务时限规定的介绍，充电设施办理资料及办理充电卡业务规定介绍，掌握电动汽车充电桩服务过程跟踪的业务技能。通过对业务要点及关键环节服务时限规定的介绍，掌握工作要求，提高服务质量。

【情境目标】

1. 知识目标

了解个人车位充电桩办理业务的相关规定要求，并掌握申报个人车位充电桩报装所需的证件及证明材料。

2. 能力目标

能够在营销业务应用系统中完成个人车位充电桩报装的业务流程。

3. 素质目标

树立细心、耐心的岗位态度，培养工匠精神、团队精神、服务意识，增强人民电业为人民的宗旨意识。

任务一 充电设施报装流程

任务目标

了解个人车位充电桩办理业务的相关规定要求，掌握个人车位充电桩的新装业务流程中所涉及的业务受理知识，能够在营销业务应用系统中进行充电桩业务受理操作。

任务描述

本任务是在营销业务应用系统中完成个人车位充电桩的业务受理，主要包括低压个人车位充电桩的申请信息、客户自然信息和委托车企报装信息等信息的正确填写。

📖 知识准备

电动汽车是指以车载电源为动力，用电机驱动车轮行驶，符合道路交通、安全法规各项要求的车辆。充换电设施是为电动汽车提供电能的相关设施的总称，一般包括充电站、电池更换站、电池配送中心、集中或分散布置的交流充电桩等。

申报个人车位充电桩具体包括：

（1）供电电压等级为 220 伏，且充电设备及辅助设备总容量为 10 千瓦及以下单相设备。

（2）供电电压等级为 380 伏，且充电设备及辅助设备总容量 100 千瓦及以下。

220 伏供电的充电设备，宜接入低压公用配电箱；380 伏供电的充电设备，宜通过专用线路接入低压配电室。

图 7-1 为 220/380 伏接入示意图，低压供电客户，以电能表为分界点，电能表（含表箱、表前开关等）及以上部分由电网企业负责建设和运行维护，不得收取接网费用，相应成本纳入电网输配电成本统一核算，电能表出线（含表后开关）及以下部分由客户投资建设。

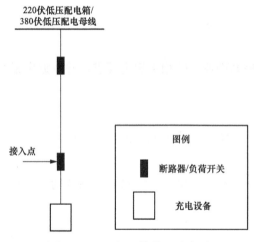

图 7-1　220/380 伏接入示意图

如图 7-2 所示，个人车位充电桩报装业务包括业务受理、勘查派工、现场勘查、方案答复、安装派工、配表（备表）、安装信息录入、确定抄表段、信息归档、资料归档等流程环节。

📇 工具准备

工具为信息化设备，具体的准备要求见表 1-1。

🖼️ 材料准备

材料要求：作业指导书、单元教学设计、安全交底签字表，具体见表 1-2。

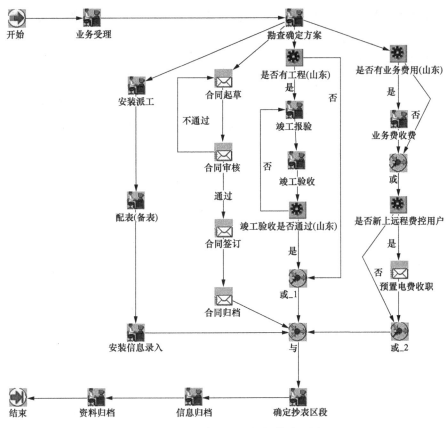

图 7-2 个人车位充电桩新装流程图

人员准备

工作人员的身体、精神状态良好，工作人员的资格包括作业技能、安全资质和特殊工种资质等，具体要求见表 1-3。

场地准备

营销业务应用系统实训场地的危险点与预防控制措施，见表 1-4。

任务实施

本任务模拟××供电所接到某自然人的个人车位充电桩的新装业务申请，接收该申请并审查客户所提交资料，了解客户办理充电桩新装业务前，是否有物业出具（无物业管理小区由业委会或居委会出具）同意使用充换电设施的证明材料、购车意向协议书或购车发票，如材料齐全便可接受客户的报装申请并在营销业务应用系统中完成业务受理环节。

居民客户在自有产权或拥有使用权的停车位（库）建设的充电设施，申请时宜单独

135

立户，因此需要发起低压居民新装流程。打开【新装增容及变更用电】主菜单项，单击子菜单项"业务受理"，在左侧展开的"功能"列表中可以看到"业务受理"选项，单击打开【业务受理】界面。

1. 个人充电桩申请信息录入

进入【用电申请信息】界面，业务类型选择"低压居民新装"，根据实际情况，补充用电客户的申请信息，包括业务类型、业务子类、联系人信息、用电地址、证件类型、联系类型、申请容量、行业分类、转供标志、电费结算方式、用户分类、证件信息、供电电压等。信息选择或输入完成后，检查其正确性，单击"保存"按钮保存该工单，自动生成"客户编号"和"申请编号"，如图7-3所示。

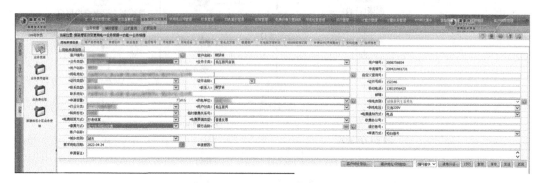

图7-3　个人充电桩申请信息

2. 客户自然信息录入

单击【客户自然信息】界面，可根据客户提供的资料进行信息的填写，并进行查询密码的初始化，初始化密码为"111111"，如图7-4所示。

图7-4　客户自然信息

居民充换电设施报装客户提供资料如下：

（1）客户有效身份证明原件（居民身份证、军官证、护照、房产证等）；委托他人代办的，还应提供代办人身份证原件及授权委托书；

（2）购车意向协议或购车发票；

（3）固定车位产权证明或产权单位许可证明，或固定车位租赁证明；

（4）物业出具（无物业管理小区由业委会或居委会出具）同意使用充换电设施的证明材料。

3. 申请证件核对

单击【申请证件】界面，核对客户的证件资料，并如实填写客户证件的生效时间及失效时间，以便证件失效前，工作人员提醒客户前来替换有效证件，填写完毕点击"保存"，如图 7-5 所示。

图 7-5　关联用户信息

4. 联系信息录入

单击【联系信息】界面，填写"联系信息"，根据实际情况选择"联系类型"，填写联系人的姓名、性别、办公电话等信息，点击"保存"，如图 7-6 所示。

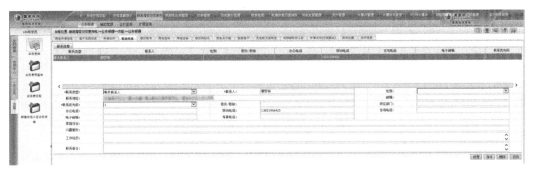

图 7-6　联系信息

5. 银行账号信息录入

单击【银行账号】界面，填写"银行名称""账户名称""银行账号""付费优先级"等信息，填写完毕点击"保存"，如图 7-7 所示。

6. 用电资料录入

单击【用电资料】界面，填写"用电资料"，按照实际录入资料情况，选择"资料名称""资料类别""份数""报送时间"等。填写接收人后点击"保存"按钮，自动生成接收时间，若需要继续添加资料，点击"新增"按钮后，重复以上步骤，如图 7-8 所示。

图 7-7 银行账号

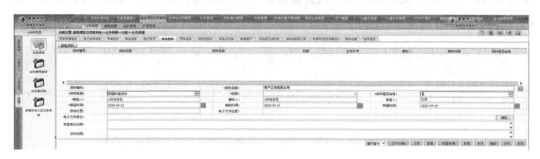

图 7-8 用电资料

7. 用电设备录入

单击【用电设备】界面，填写"设备类型""相线""电压""容量"等信息，根据客户提供的信息填写"设备型号"，并点击用户一栏尾部图标，对用户信息进行添加，点击"保存"，如图 7-9 所示。

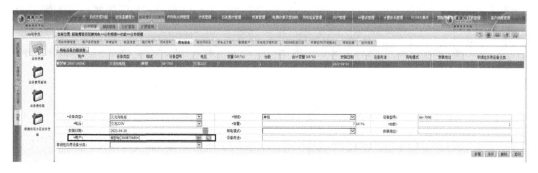

图 7-9 用电设备

8. 城农网标志

单击【城农网标志】界面，单击下拉菜单选择"城网"。依据用户申请信息的具体情况来进行选择，如图 7-10 所示。

9. 充电桩方案制定

单击【充电桩方案制定】界面，填写充电桩"设备类型""受电点""设备型号""出厂编号""额定电流""额定电压""通信方式""生产厂家"等 14 项内容，点击"保存"，如图 7-11 所示。

图 7 - 10　城农网标志

图 7 - 11　充电桩方案制定

10. 业务受理工单发送

单击【用电申请信息】界面，点击"保存"及"发送"按钮，生成工单号，并推送至"现场勘查"环节。

任务评价

结合实训过程考核，编制任务实施情况的评价标准进行任务实施结果评定，本任务的任务实施情况的评价标准见表 7 - 1。

表 7 - 1　　　　　　　　　　　　　任务实施情况的评价标准

序号	内容	注意事项	分值
1	界面登录：打开 IE 浏览器，在地址栏里输入网址 http://192.168.9.12:8001/web/ 或者 http://192.168.9.68:8001/web/登录应用服务器，完成各角色工号登录	使用正确账号登录，不得修改密码和其他用户信息	10
2	菜单模块入口操作：新装增容及变更用电≫业务受理≫功能≫业务受理	分模块点击了解和查看模块相关功能	10
3	【用电申请信息】界面，根据实际情况，补充用电客户申请信息及充电桩信息	注意业务类型、申请容量、行业分类、证件类型、供电电压等关键信息的正确性	30
4	【充电桩方案制定】界面，需要填写充电桩的类型、型号、出厂编号、充电模式等信息	根据客户提供的资料如实填写，确保信息的准确	20

续表

序号	内容	注意事项	分值
5	生成工单号，并推送至"现场勘查"环节	所有必要信息必须录入完整，否则无法发送	20
6	恢复工位	规整工位，关闭计算机和电源，养成良好的工作习惯	10

序号	发现问题	注意事项	改进措施	备注
1				
2				

教师		评价结果	

任务扩展

充换电设施用电报装业务分为以下两类：

第一类：居民客户在自有产权或拥有使用权的停车位（库）建设的充电设施。申请时宜单独立户，发起低压非居民流程。

第二类：其他非居民客户（包括高压客户）在政府机关、公用机构、大型商业区、居民社区等公共区域建设的充换电设施。

非居民客户的充电设施按照设施用途可分为两类：

（1）自建自用，非经营性质；对外提供充换电服务。

（2）具有经营性质，主要是指政府相关部门颁发营业执照的，且营业执照中的经营范围明确了允许开展电动汽车充换电业务的合法企业，在一个固定集中的场所，开展充换电业务。

任务二　现　场　勘　查

任务目标

熟悉个人车位充电桩新装接入方案编制的相关知识，掌握居民申报个人车位充电桩新装业务现场勘查流程中涉及的业务知识，能够在营销业务应用系统中完成低压充电桩新装流程的现场勘查环节操作。

任务描述

本任务是在营销业务应用系统中完成个人车位充电桩新装的现场勘查操作，主要包括勘查方案、电源方案、计费方案、计量点方案、用电设备方案等信息的录入。

📖 知识准备

一、电动汽车充电设施费用规定

充换电设施经营企业可向电动汽车用户收取电费及充换电服务费。其中，电费执行国家规定的电价政策，充换电服务费用于弥补充换电设施运行成本。

充换电服务费标准上限由人民政府价格主管部门或其授权的单位制定并调整。电动汽车发展达到一定规模并在交通运输市场具有一定竞争力后，结合充换电设施服务市场发展情况，逐步放开充换电服务费，通过市场竞争形成。

电动汽车充换电设施产权分界点至电网的配套接网工程，由电网企业负责建设和运行维护，不得收取接网费用，相应成本纳入电网输配电成本统一核算。

二、充电设施产权界定

低压供电客户，以电能表为分界点，电能表（含表箱、表前开关等）及以上部分由供电公司投资建设；电能表出线（含表后开关）及以下部分由客户投资建设。高压架空线路供电客户，以客户围墙或变电站外第一基杆塔为分界点，杆塔（含柱上开关、熔断器等开断设备及其他附属设备）及以上部分由供电公司投资建设；开断设备出线及以下部分由客户投资建设。

📱 工具准备

工具为信息化设备，具体的准备要求见表1-1。

🔧 材料准备

材料要求：作业指导书、单元教学设计、安全交底签字表，具体见表1-2。

👥 人员准备

工作人员的身体、精神状态良好，工作人员的资格包括作业技能、安全资质和特殊工种资质等，具体要求见表1-3。

🗺️ 场地准备

营销业务应用系统实训场地的危险点与预防控制措施，见表1-4。

📋 任务实施

本任务模拟××供电所根据客户资料以及现场勘查信息，制定个人车位充电桩的供电方案，并在系统中完成相关流程。

在【待办工作单】界面根据申请编号或者其他信息找到本情境任务一中发起的工作单，选择该工单并进行处理。

1. 勘查确定方案信息录入

单击【勘查方案】界面，该界面包括【勘察信息】、【方案信息】、【用户信息】等根据现场勘查资料，填写相关勘查信息，主要有勘查人员、勘查日期、有无违约用电行为、业扩是否受限、勘查意见等，填写完成后，单击"保存"按钮，如图7-12所示。

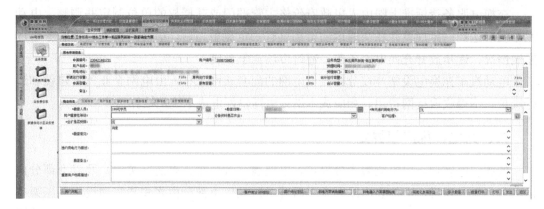

图7-12　勘查信息

单击【方案信息】，填写用电方案基本信息，主要有是否可供电或变更、确定人意见、方案确定时间、是否有工程、核定容量、优惠电价标志等信息，填写完成后单击"保存"按钮，系统提示保存成功，如图7-13所示。

图7-13　方案信息

单击【用户信息】，主要填写供电单位、用户分类、转供标志、供电电压、行业分类、符合性质等信息，填写完成后单击"保存"按钮，系统提示保存成功，如图7-14所示。

2. 电源方案录入

单击【电源方案】界面，该选项卡包含【受电点方案】和【供电电源方案】。根据现场勘察实际情况和勘察方案，核对【受电点方案】中的类型及受电点名称并依次填写电源类型、电源性质、供电电压、进线方式、线路、台区、进线杆号、产权分界点、保护方式等信息，点击"保存"按钮，如图 7-15 所示。切换到【供电电源方案】界面，依次填写电源类型、电源性质、供电电压、变电站名称、线路、台区、进线方式、进线杆号、供电容量等信息，点击"保存"按钮，如图 7-16 所示。

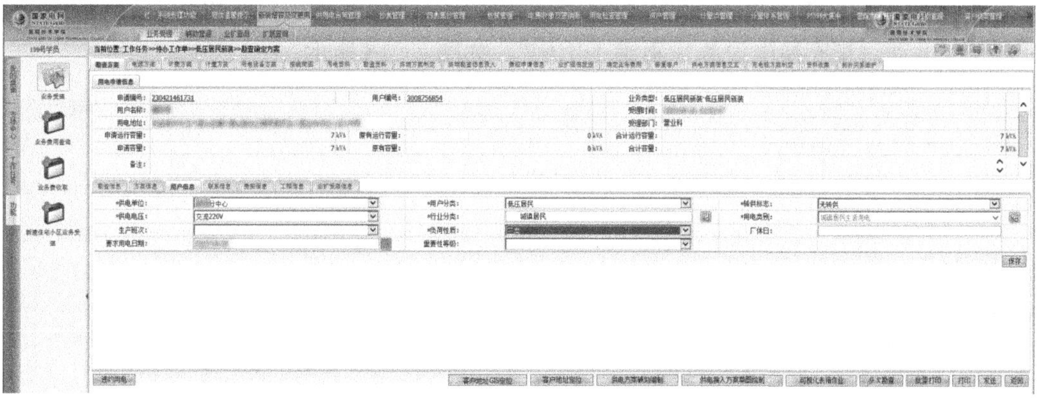

图 7-14 用户信息

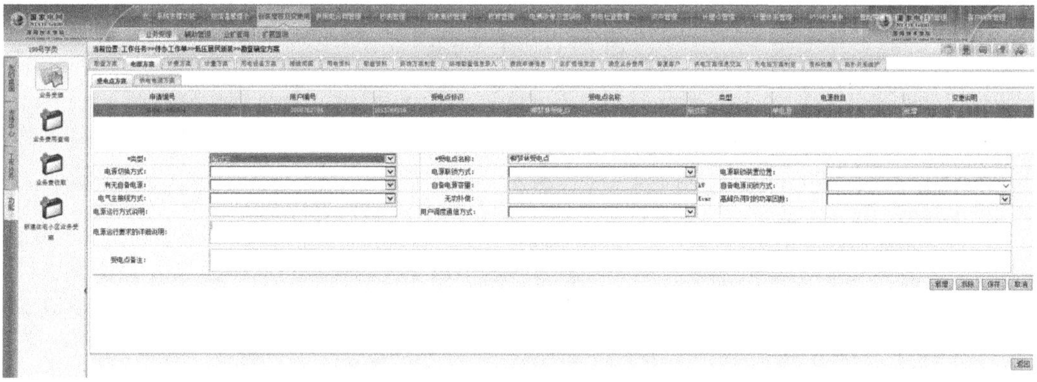

图 7-15 受电点方案

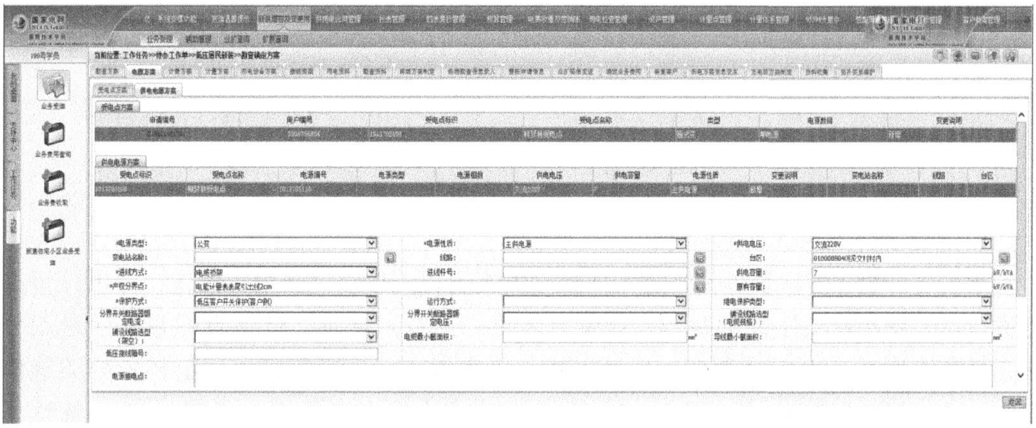

图 7-16 供电电源方案

3. 计费方案录入

单击【计费方案】界面，进入计费方案窗口，依次保存【用户定价策略方案】和【用户电价方案】，需要填写的信息主要有定价策略类型、基本电费计算方式、功率因数考核方式以及执行电价、电价行业类别、是否执行峰谷标志、功率因数标准、是否参与直接交易等，点击"保存"按钮，如图 7 - 17 所示，执行电价中目录电价名称应选"居民合表（电动汽车充换电设施）不满 1 千伏"，如图 7 - 18 所示。

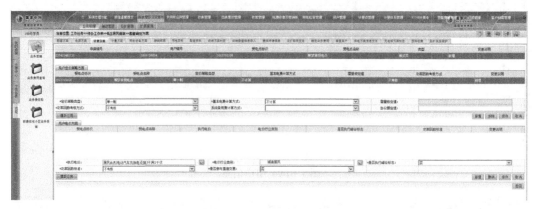

图 7 - 17　计费方案

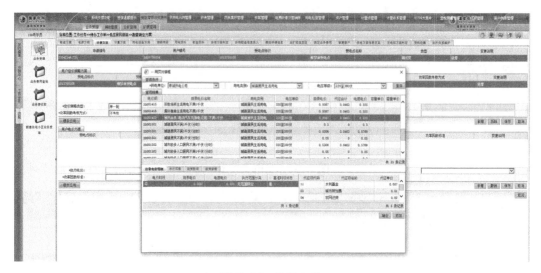

图 7 - 18　执行电价

4. 计量点方案录入

单击【计量点方案】界面，进入计量点方案窗口，单击"新增"按钮，弹出计量点方案窗口。依次输入计量点编号、计量点名称、计量点地址、计量点容量、计量点分类、计量点性质、主用途类型、计量方式、接线方式、电压等级、计量装置分类等信息，单击"保存"按钮，如图 7 - 19 所示。返回计量方案界面，成功增加一条计量点方案。

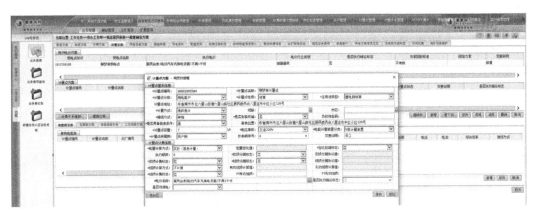

图 7-19 计量方案

如有下级计量点信息，单击"增下级"按钮，添加下级计量点方案窗口。

在【计量点方案】界面，选择一条计量点方案信息，在【电能表方案】，单击"新增"按钮，弹出电能表方案窗口。依次选择电能表类别、接线方式、类型、电压、电流、准确度等级等，选择示数类型，如图 7-20 所示。

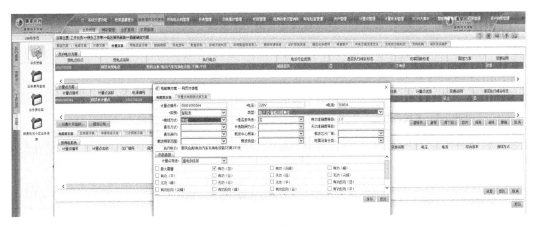

图 7-20 电能表方案

5. 答复客户信息录入

单击【答复客户】界面，在【答复供电方案】选项卡，在答复栏中依次填写答复人、答复日期、答复方式。填写完成后点击"保存"按钮，在客户回复一栏中填写客户回复方式、客户回复时间、客户签收人、客户签收日期、客户回复意见等信息，如图 7-21所示。

6. 现场勘查环节发送

单击【勘查方案】界面，单击"发送"按钮，个人车位充电桩新装业务完成现场勘查环节，进入安装派工环节。

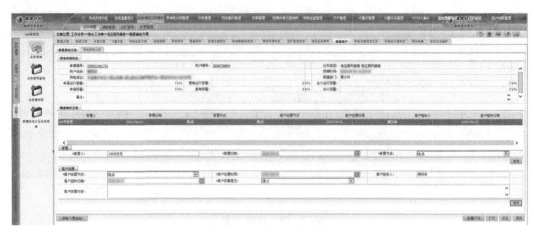

图 7 - 21　答复供电方案

任务评价

结合实训过程考核，编制任务实施情况的评价标准进行任务实施结果评定，本任务的任务实施情况的评价标准见表 7 - 2。

表 7 - 2　　　　　　　　　　　　任务实施情况的评价标准

序号	内容	注意事项	分值
1	界面登录：打开 IE 浏览器，在地址栏里输入网址 http://192.168.9.12:8001/web/ 或者 http://192.168.9.68:8001/web/登录应用服务器，完成各角色工号登录	使用正确账号登录，不得修改密码和其他用户信息	5
2	菜单模块入口操作：工作任务≫待办工作单	正确选择自己所做工单，不错选他人工单	10
3	填写【勘查方案】和【电源方案】两个选项	注意电源类型、产权分界点、进线方式、保护方式等信息的正确性	10
4	填写【计费方案】界面的【用户定价策略方案】和【用户电价方案】两个子项	注意基本电费计算方式、功率因数考核方式以及执行电价、电价行业类别、是否执行峰谷标志、功率因数标准、等信息的正确性	25
5	填写【计量点方案】，包含【计量点方案】和【电能表方案】两个子项	注意计量点容量、计量点分类、计量方式、接线方式、电压等级，以及电能表类别、接线方式、类型、电压、电流、准确度等级等信息的正确性	25
6	填写【答复客户】，包含【答复】和【客户回复】两个子项	注意答复人、答复日期、答复方式、客户回复方式、客户回复时间、客户签收人、客户回复意见等信息	10
7	完成现场勘查环节，并推送至"业务审批"环节	所有必要信息必须录入完整，否则无法发送	10
8	恢复工位	规整工位，关闭计算机和电源，养成良好的工作习惯	5

续表

序号	发现问题	注意事项	改进措施	备注
1				
2				
教师		评价结果		

任务扩展

1. 充换电设施报装办理流程和时限

（1）现场勘察工作时限：受理申请后，低压客户 1 个工作日完成现场勘察；高压客户 2 个工作日内完成现场勘察。

（2）答复供电方案工作时限：自受理之日起低压客户 2 个工作日内完成；高压客户单电源 15 个工作日内完成，双电源 30 个工作日内完成。

（3）设计审查工作时限：受理设计审查申请后 5 个工作日内完成。若项目业主因自身原因需要变更设计的，应将变更后的设计资料再次送审，审核通过后方可实施。

（4）在供电方案确认后 1 个工作日内，营销部（客户服务中心）书面通知基建部或运维检修部（检修分公司）开展配套接入工程施工。

（5）工程建设阶段时限要求：低压客户，在供电方案答复、完成施工设计工作并移交项目管理部门后，在 5 个工作日内完成配套接入工程建设。高压客户，在供电方案答复后，对于 10 千伏业扩项目，在 60 个工作日内完成配套接入工程建设；对于 35 千伏及以上业扩项目，其配套接入工程按照合理工期实施。

（6）竣工检验工作时限：在受理竣工检验申请后，低压客户 1 个工作日、高压客户 5 个工作日内完成。

（7）装表接电工作时限：低压客户在竣工验收合格后当场装表接电，高压客户 5 个工作日内完成。

2. 充换电设施用电收费与执行电价

供电公司在充换电设施用电申请受理、设计审查、装表接电等全过程服务中，不收取任何服务费用（包括用电启动方案编制费、高可靠性供电费，负控装置费及迁移费用、继电保护定值计算费等各项业务费用）；对于电动汽车充换电设施，从产权分界点至公共电网的配套接入工程，以及因充换电设施接入引起的公共电网改造，由公司负责投资建设。

对向电网经营企业直接报装接电的经营性集中式充换电设施用电，执行大工业用电价格，到 2030 年前，对实行两部制电价的集中式充换电设施用电免收需量（容量）电费，其他充电设施按其所在场所执行分类目录电价。其中，居民家庭住宅、居民住宅小区、执行居民电价的非居民用户中设置的充电设施用电，执行居民用电价格中的合表用户电价；党政机关、企事业单位和社会公共停车场中设置的充电设施用电执行"一般工商业及其他"类用电价格。

向电动汽车用户收取电费及充换电服务项两项费用。其中，电费执行国家规定的电价政策，充换电服务费用弥补充换电设施运营成本，对电动汽车充换电服务费实行政府指导价管理，充换电服务费标准上限由省级人民政府价格主管部门或其授权的单位制定并调整。

任务三　安装派工及配表（备表）

任务目标

了解个人车位充电桩新装方案安装派工及配表（备表）的相关知识，能够在营销业务应用系统中进行个人车位充电桩新装流程的安装派工和表库配表领取等操作。

任务描述

本任务是在营销业务应用系统中完成个人车位充电桩新装的派工及配表，主要包括安装派工、根据电能表方案选择合适智能表、领用人的选择、安装录入信息等环节。

工具准备

工具为信息化设备，具体的准备要求见表1-1。

材料准备

材料要求：作业指导书、单元教学设计、安全交底签字表，具体见表1-2。

人员准备

工作人员的身体、精神状态良好，工作人员的资格包括作业技能、安全资质和特殊工种资质等，具体要求见表1-3。

场地准备

营销业务应用系统实训场地的危险点与预防控制措施，见表1-4。

任务实施

本任务模拟××供电所根据客户资料以及系统中工作单相关信息，完成个人车位充电桩的安装派工及配表（备表），主要包括派工、匹配智能表、领用人的选择、安装录入信息等环节，并在系统中完成相关流程。

1. 安装派工

在【待办工作单】界面根据申请编号或者其他信息找到本情境任务二中处理的工作单，选择该工单并进行处理，进入【安装派工】界面，在派工信息中填写装拆日期、负责人等信息并选择装拆人员进行派工处理。派工完成后，单击"发送"按钮，进入配表（备表）环节，如图7-22所示。

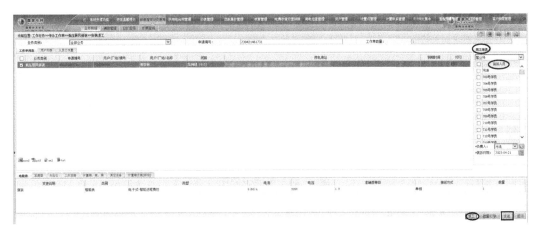

图7-22　安装派工

2. 配表（备表）

在【待办工作单】界面根据申请编号或者其他信息找到待处理的工作单，双击该工单进行处理，进入【配表（备表）】界面，点击"自动配表"弹出智能表存放库房，选择合适的库房并点击"确认"，如图7-23所示。配表完成后，点击"领用"，选择领用人员及领用日期，点击"确定"，单击"发送"按钮，进入安装信息录入环节，如图7-24所示。

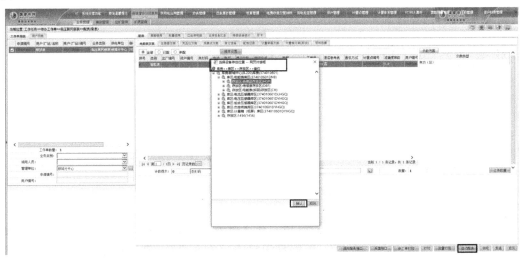

图7-23　库房配表

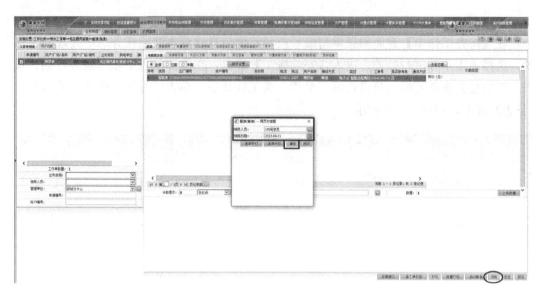

图 7-24　电能表领用

3. 安装信息录入环节

在【待办工作单】界面根据申请编号或者其他信息找到待处理的工作单，选择该工单并进行处理，进入【安装信息录入】界面，如智能表无拆回、无故障，在【电能表方案】子项中，点击"全部保存"，如有装拆情况，应填写装拆人员、装拆日期等信息，再点击"全部保存"。保存完成后，若该客户电能表为新装，则"装拆示数"无须填写，若电能表拆回或故障，则需要填写"装出示数"，再点击"打印"，如图 7-25所示。

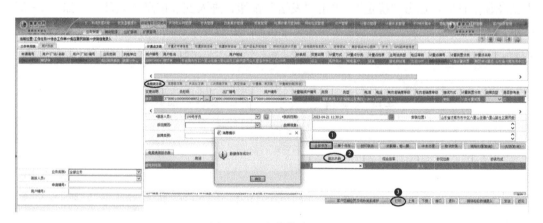

图 7-25　安装信息录入

单击"打印"弹出【单据打印】窗口，在【报表名称】中选择"客户电能计量现场作业安全控制卡"并点击"确定"，单据打印完成后单击"发送"，进入确定抄表区段环节，如图 7-26所示。

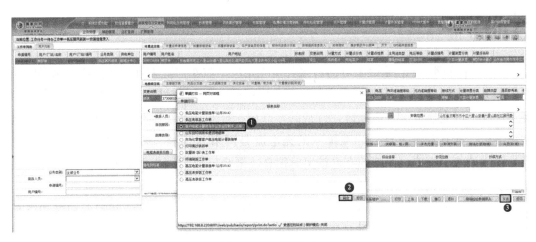

图 7-26 单据打印

任务评价

结合实训过程考核，编制任务实施情况的评价标准进行任务实施结果评定，本任务的任务实施情况的评价标准见表 7-3。

表 7-3 任务实施情况的评价标准

序号	内容	注意事项	分值
1	界面登录：打开 IE 浏览器，在地址栏里输入网址 http://192.168.9.12:8001/web/ 或者 http://192.168.9.68:8001/web/登录应用服务器，完成各角色工号登录	使用正确账号登录，不得修改密码和其他用户信息	10
2	菜单模块入口操作：工作任务≫待办工作单	正确选择自己待处理的工单，不错选他人工单	15
3	在【安装派工】环节，正确选择装拆人员进行派工	派工人员中必须选择自己，否则无法进行下一步的处理	20
4	注意【配表（备表）】环节智能表表库的选取、领用人的选择	处理过程中注意领用人及合格表库的选择	25
5	【安装信息录入】环节中需注意用户是否为新装用户及单据的打印	新装用户的装拆示数不需要进行填写，区分各单据的差别	20
6	恢复工位	规整工位，关闭计算机和电源，养成良好的工作习惯	10

序号	发现问题	注意事项	改进措施	备注
1				
2				

教师		评价结果	

🎓 任务扩展

（1）"车联网"平台是国家电网有限公司立足电动汽车产业发展，从围绕"物联网＋充电服务""互联网＋出行服务""大数据＋增值服务""投融资＋产业发展"四大业务领域出发，以充换电服务为载体，打造的"开放、智能、互动、高效"的电动汽车充电网络平台。拥有资源丰富、标准统一的充电服务网络和智能、高效、安全的互联网平台，提供权威、准确、详细的充电桩实时信息。平台已成为国内覆盖面最广、接入数量最多的开放智能充换电服务平台。

（2）充换电设施接入电网应充分考虑接入点的供电能力，保障电网安全和电动汽车的电能供给。充换电设施应满足所接入配电网的配电自动化要求，其接入电网不应影响配电网的可靠供电。充换电设施宜按最终规模进行规划设计，充换电设备可分期建设安装。

（3）充换电设施的供电电压等级，应根据充电设备及辅助设备总容量，综合考虑需用系数、同时系数等因素，经过技术经济比较后确定，具体可参照表 7 - 4。充换电设施供电负荷的计算中应根据单台充电机的充电功率和使用频率、设施中的充电机数量等，合理选取负荷同时系数。

表 7 - 4　　　　　　　　　　充换电设施宜采用的接入电压等级

供电电压等级	充电设备及辅助设备总容量	受电变压器总容量
220 伏	10 千瓦及以下单相设备	—
380 伏	100 千瓦及以下	50 千伏·安及以下
10 千伏	—	50 千伏·安～10 兆伏·安
20 千伏	—	50 千伏·安～20 兆伏·安
35 千伏	—	5～40 兆伏·安
66 千伏	—	15～40 兆伏·安
110 千伏	—	20～100 兆伏·安

任务四　确定抄表区段、信息及资料归档

⌨ 任务目标

了解个人车位充电桩的抄表段分配、信息归档、资料归档的相关知识，能够在营销业务应用系统中进行个人车位充电桩的抄表段分配、信息归档及资料存档等流程操作。

👤 任务描述

本任务是在营销业务应用系统中完成个人车位充电桩的抄表段分配、信息归档及资料存档。

🗎 工具准备

工具为信息化设备，具体的准备要求见表1-1。

🗂 材料准备

材料要求：作业指导书、单元教学设计、安全交底签字表，具体见表1-2。

📹 人员准备

工作人员的身体、精神状态良好，工作人员的资格包括作业技能、安全资质和特殊工种资质等，具体要求见表1-3。

🧴 场地准备

营销业务应用系统实训场地的危险点与预防控制措施，见表1-4。

📦 任务实施

本任务模拟××供电所根据客户资料以及系统中工作单相关信息，完成个人车位充电桩的抄表段分配、信息归档及资料存档，并在系统中完成相关流程。

1. 确定抄表区段

在【待办工作单】界面根据申请编号或者其他信息找到待处理工作单，选择该工单并进行处理，进入【确定抄表区段】界面，在【确定抄表段编号】子项中，查找抄表段信息，并根据抄表段属性和供电所实际情况对用户申请的充电桩设备进行抄表段的分配，确定后选择"审批/审核结果"并填写"审批/审核意见"，填写完成后"保存"，再单击"发送"按钮，进入信息归档环节，如图7-27所示。

图7-27　确定抄表区段

2. 信息归档

在【待办工作单】界面根据申请编号或者其他信息找到待处理的工作单，选择该工单并进行处理，进入【信息归档】界面，填写审批/审核人、审批/审核时间、审批/审核结果等信息，点击"保存"，再点击"信息归档"按钮，执行信息归档成功后，系统中生成正式的个人充电桩信息档案，点击"发送"进入资料归档环节，如图 7-28 所示。

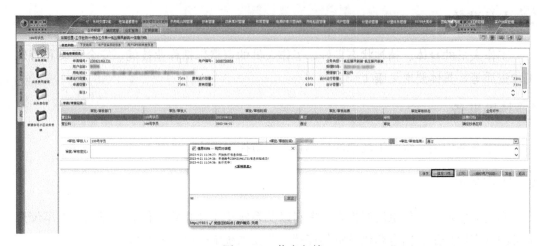

图 7-28　信息归档

3. 资料归档

在【待办工作单】界面根据申请编号或者其他信息找到待处理的工作单，选择该工单并进行处理，进入【资料归档】界面，填写档案号、盒号、柜号等信息，单击"保存"，再点击"发送"按钮，流程结束，如图 7-29 所示。

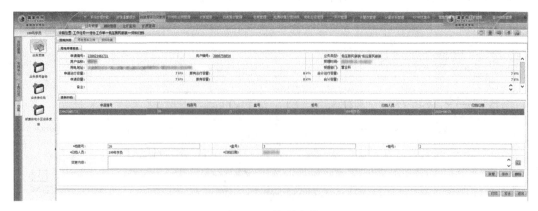

图 7-29　资料归档

任务评价

结合实训过程考核，编制任务实施情况的评价标准进行任务实施结果评定，本任务的任务实施情况的评价标准见表 7-5。

表 7-5　　　　　　　　　　　　任务实施情况的评价标准

序号	内容	注意事项	分值
1	界面登录：打开 IE 浏览器，在地址栏里输入网址 http://192.168.9.12:8001/web/ 或者 http://192.168.9.68:8001/web/登录应用服务器，完成各角色工号登录	使用正确账号登录，不得修改密码和其他用户信息	10
2	菜单模块入口操作：工作任务≫待办工作单	正确选择自己待处理的工单，不错选他人工单	15
3	正确选择抄表段，并进行审批	根据抄表段属性和供电所实际情况对用户申请的充电桩设备进行抄表段的分配	25
4	填写【信息归档】、【资料归档】界面	审核用户信息无误后，执行信息归档，生成正式的个人充电桩信息档案	25
5	完成"资料归档"，并发送，流程结束	所有必要信息必须录入完整，否则无法发送	15
6	恢复工位	规整工位，关闭计算机和电源，养成良好的工作习惯	10

序号	发现问题	注意事项	改进措施	备注
1				
2				

教师		评价结果	

任务扩展

1. 国家电网有限公司充电卡业务办理

充电卡是由国家电网有限公司为方便电动汽车用户充电消费而统一发行的预付费卡，满足用户随时随地的充值交费购电需求。充电卡分为实名卡和非实名卡两种形式，实名卡需要用户进行实名登记，并留下联系方式，具有充值、充电、解灰、解锁、挂失、补卡、销卡退费、查询功能，可反复充值，不能透支，不计利息，根据《单用途商业预付卡管理办法（试行）》第十八条规定，余额不超过 5000 元；非实名卡不需要用户进行实名登记，不可换卡、挂失、销卡退费，可反复充值，不能透支，不计利息，余额不超过 1000 元。充电卡具有充值、充电消费等功能，可在国家电网有限公司指定电动汽车充电桩使用。

充电卡购买：凡在中华人民共和国境内合法注册的企事业单位、机关、团体，具有完全民事行为能力的境内外居民均可在指定营业厅办理充电卡，办理时暂不收取卡片成本费和押金，首次办理应充值不低于 100 元。

充电卡充值：客户可到指定营业厅，通过 POS 机刷卡、支付宝扫码支付、现金、为充电卡充值。

充电卡充电流程：电动汽车用户到达国家电网有限公司经营的充电桩进行充电，首先连接充电插头，选择充电方式"充电卡"，设置充电金额，刷卡开始充电，停止充电时再次刷卡，结算后拔下充电枪并归位。

售卡业务规则，实名制开卡业务规定如下：开卡暂不收取卡片成本费和押金，但需充值不低于 100 元；充电卡分为非实名制卡和实名制卡，客户类型分为集团客户和个人客户；个人办理实名制卡需要提供本人的联系方式、有效身份证件，企业单位办理企业实名制卡需提供企业营业执照、企业法人有效身份证件和代办人员有效身份证件；办理实名制卡时需要客户设置卡密码；客户换卡、销卡、补卡的旧充电卡不能再次发售；开卡后，应为客户打印充电卡开卡凭证，一式两份并签字确认，客户和营业厅各留存一份。

2. "e 充电"

"e 充电"是国网电动汽车为用户精心打造的车生活生态服务智能平台，集合了覆盖全国的充电网络，为广大新能源车主提供智能找桩、扫码充电、行程规划、评论互动等服务，更有即插即充、车电服务包等多种服务选择。充新能源电，享受优质用车服务，分享低碳生活。

"e 充电"功能如下：

（1）充电站查找：智能推荐充电站、一键导航，可轻松查找国家电网有限公司充电站，以及覆盖全国的"十横十纵两环"高速充电网络。

（2）多种充电选择：支持扫码充电、充电卡、即插即充、有序充电、V2G 等多种充电方式，让用户充电无忧。

（3）行程规划：为用户的长途出行提供路线规划，智能推荐途中高速充电站，让用户畅行无忧。

（4）e 友车圈互动：提供车友分享、交流、互助、展示的平台，让用户畅所欲言。

编　后　语

　　营销业务应用系统作为国家电网有限公司统一业务办理流程的工具和手段，是现代化企业规范管理的基础。该系统总体上设计优越，尤其是在业务流程的科学、合理，实现"营销信息高度共享，营销业务高度规范，营销服务高效便捷，营销监控实时在线，营销决策分析全面"，有效推动了营销业务办理的高效开展。

　　随着社会的发展，数字化技术的升级完善，能源革命和数字革命融合加速，传统能源产业价值链被重塑，数字经济成为经济发展新引擎。电力营销行业对营销业务应用系统提出了更高的要求。国家电网有限公司顺应形势，着手部署营销2.0系统，以应变电力市场未来发展的需求。营销2.0系统是以智能化、信息化为核心，通过统一的数据标准和业务流程，整合能源企业的资源，实现多点接入、跨平台协同，为电力市场提供了便捷、高效、安全、可靠的信息共享和交互服务。营销2.0系统全面建成后，将能实现客户全领域全业态资源聚合共享，业务线上化、自动化、智能化高效运转，数据跨专业、跨领域同源应用，达到公共服务能力企业级沉淀复用效果。

参 考 文 献

[1] 刘振亚. 国家电网公司信息化建设工程全书 八大业务应用典型设计卷 营销业务应用篇. 北京：中国电力出版社，2008.

[2] 杨于瑶. 电力营销工作要点及案例解析. 北京：中国电力出版社，2016.

[3] 杜泽芳. 电力营销专业培训项目作业指导书—初级、中级岗位. 北京：中国电力出版社，2009.

[4] 朱秀文，刘东升，陈蕾. 电力营销工作与管理技术. 北京：中国水利水电出版社，2011.

[5] 王晴. 电力用户用电检查工作手册. 北京：中国电力出版社，2016.

[6] 山西省电力公司. 供电企业岗位技能培训教材　用电检查. 北京：中国电力出版社，2009.

[7] 国家电网公司. 分布式电源接入系统典型设计. 北京：中国电力出版社，2015.

[8] 丁毓山. 电力营销管理手册. 2版. 北京：中国电力出版社，2009.